AF150314

Heide Hasskerl

*Holunder, Dost und Gänseblümchen ...*

Vegetarische Rezepte mit wilden Kräutern und Früchten

Heide Hasskerl

# Holunder, Dost und Gänseblümchen ...

Vegetarische Rezepte mit wilden Kräutern und Früchten

»Man kann kein Ding schätzen oder ablehnen, das man nicht vorher kennen gelernt hat. Eine Sache, eine Idee oder eine Wissenschaft zu verteidigen oder zu bekämpfen, ohne Kenntnis von ihnen zu haben, ist ein eitles, gedankenloses Gerede – ein Preislied auf die Dummheit.«

*Leonardo da Vinci*

*Falls Sie nach der Lektüre dieses Buches und dem Nachkochen der vielen Rezeptideen das Wort »Unkraut« aus Ihrem Sprachgebrauch entfernt haben, hat die Natur ein unsichtbares Band der Sympathie zwischen uns geknüpft.*

# Inhalt

# Einige Worte vorab

Die Natur hat in unserer Gesellschaft ihr vielschichtiges Gesicht verloren. Sie wird zunehmend zum Erholungsobjekt mit Reinheitsgehalt deformiert. Besonders deutlich hat sich dieser Trend im ländlichen Raum herauskristallisiert. Hier ufert ein »Sauberkeits-Fanatismus« in eine massenhysteriegleiche Kulthandlung aus; dem Natürlichen wird das Widernatürliche bevorzugt gegenübergestellt. Tiere, Blumen und Bäume haben ihren eigentlichen Wert verloren und stehen – aus ihrer natürlichen Un-Ordnung gelöst – in einer Ordnung, in der es nur noch schön, gut und nützlich gibt. Doch für wen und um welchen Preis? Wenn wir schon von der Ordnung beziehungsweise Unordnung unserer Umwelt sprechen, dürfen wir auch nicht vergessen, dass hier grundsätzlich von der menschlichen (!) Umwelt die Rede ist. Eine andere Vorstellung davon gibt es nicht, da wir keine andere Perspektive kennen.

Mir wurde das Wissen um die Pflanzen sozusagen in die Wiege gelegt. Meine Eltern waren schlichte und bescheidene Leute – Kleinbauern, wie sie im Buche stehen. Mutters »einzige« Aufgabe bestand darin, sich um Haus, Garten, Feld, Stall und Hof zu kümmern. Vater fuhr mit seinem Gespann – dessen schweres Geschirr ich wöchentlich zu putzen hatte – täglich zum Holzrücken in den Wald, wie es auch sein Vater schon tat. Deswegen kannte er wohl jeden grünen Halm. In den Ferien durfte ich bei ihm sein und von seinem ungeheuren Wissen, das ich als das Aufregendste überhaupt empfand und auch heute noch empfinde, etwas mitbekommen.

*Wenn ich mich zurücklehne und einen Augenblick lang darüber nachsinne, sehe ich die vielen golden schimmernden Schnallen und Beschläge des Kummetgeschirrs im wechselnden Licht einsamer Waldwege und mir fallen viele wunderbar anmutende Geschichten wie die Geschichte mit dem Frischling – »meinem« Frischling – ein:*
*Wir waren auf dem Heimweg, waren müde und kaputt und auch die beiden braunen Wallache ließen erschöpft und von der schweren Arbeit ausgelaugt die Köpfe hängen. Wenn die Sonne sich langsam westwärts verliert, wenn die Schatten wachsen, wächst mit ihnen eine kühle Dunkelheit, die die einzelnen Konturen verschwinden lässt, nicht zu vergleichen mit dem in zartes Silber getauchten morgendlichen Beginn eines Tages im Wald. In dieses melancholische Licht des beginnenden Abends mischte sich plötzlich ein zartes Geräusch, ein Knistern und Knacken wie Reisig, das in einem offenen Feuer entflammt. Dann ein Huschen: Frischlinge stoben wie ein Fischschwarm auseinander. Ein kleiner Frischling lief unschlüssig davon, weil er irgendwie den Anschluss an seine Meute verloren hatte. Ich wollte*

*ihn haben, und Vater fing ihn (das hört sich wesentlich einfacher an, als es in Wirklichkeit war), steckte das Tierchen in einen Sack (was wiederum auch ein Bravourstück war!) und legte die Fracht vorsichtig auf die Stämme unseres Langholzwagens, der schon bald das Ende des Waldweges erreicht haben würde. Natürlich schrie der Frischling im Sack lang anhaltend, schrill und ohne damit aufzuhören. Es dauerte nicht lange, und eine Bache, wohl seine Mutter, folgte zornig grunzend, wenn auch in sicherem Abstand, mit einer Truppe weiterer Frischlinge unserem Wagen. Die Dame wurde merklich aufgeregter, kam immer dichter heran, und – wie sollte es auch anders sein? – wir gaben ihr, gezwungenermaßen, den kleinen Frischling zurück. Ich weiß nicht, ob sie das Gespann angegriffen hätte, war mir aber derzeit ziemlich sicher, dass sie es getan hätte.*

Dies alles ist noch nicht einmal so lange her, fünfundzwanzig, dreißig Jahre vielleicht; ich kann den Schweiß der Pferde noch riechen, kann ihre frommen Gesichter deutlich sehen, höre ihren Atem, die Musik der Ketten, monotone Schritte auf dem weichen Boden, sehe Vögel, Pilze, Pflanzen, rieche Harz.

Wir haben viel verloren. Wenn ich heute in Wald und Feld unterwegs bin, dröhnen Motoren schwerer Fahrzeuge, Kettensägen zerschneiden nicht nur Holz. Waldsterben, Umweltschmutz und in freiem Feld zufällig verlorener Hausmüll geben dem Ganzen noch einen wesentlich beängstigenderen Anstrich, vom furchtbaren Gestank chemisch vergifteter Felder ganz zu schweigen. Ein Tierarzt erzählte mir, dass jedes Jahr Hundehalter um das Leben ihrer Vierbeiner ringen, da sich die Tiere bei ausgedehnten Frühjahrsspaziergängen in den Feldern vergiften. Sie hätten neben deutlichen Gleichgewichtsstörungen, die sich in unkontrolliertem Taumeln äußern, einen kräftezehrenden Durchfall, der je nach Schwere der Toxine bis zum Tod führt.

Man merkt: Eine »neue Zeit« ist angebrochen. Nun ja – Aussteigen ist für die wenigsten die Lösung, und wer sich dennoch mit dem Gedanken trägt, muss als Nächstes enttäuscht fragen: WOHIN? Auch der Mond trägt bereits unsere Spuren (oder sollte man Blessuren sagen?). Einen Urwald, so wie wir ihn verstehen, gibt es nicht mehr. Die heimische Fauna und Flora hat »Federn gelassen«, selbst im eigenen Garten ist man vor dem Lärm und Schmutz der Nachbarschaft nicht sicher.

Nun – wie kann man dem entgehen!? Entweder man hofft auf die nächste Sintflut, oder man versucht durch Bescheidenheit, diesen unseligen Zustand beenden zu helfen. Nur Mut! Dem Konsum, der in einer Konsumgesellschaft an erster Stelle rangiert, ist einfach mit der noch einfacheren Frage »Muss ich das auch wirklich haben?« entgegenzutreten. Bald merkt man, dass es viel zu viel Unnützes gibt.

Apropos unnütz. Eine Vielzahl von Insektenvernichtungsmitteln würden sich erübrigen, hätten wir gelernt, ein wenig Vertrauen in die »Machenschaften« unserer Erde zu bringen. Ein eindrucksvolles Erlebnis, bei dem es mir gewissermaßen wie Schuppen von den Augen fiel, möchte ich kurz schildern:

*Jedes Jahr versammelten sich Tausende und Abertausende von Ameisen auf der Arbeitsplatte meiner Küche, um mir das Leben schwer zu machen. In meiner grenzenlosen Dummheit ging ich in ungezählten, immer wieder neuen Versuchen mit vielen schweren Geschützen gegen die »Biester« vor, um irgendwann den Kampf doch verloren aufzugeben. Egal wie viele ich tötete, es kamen ständig mehr nach. Im letzten Jahr hatte ich DIE Idee! Da bisher, von »Nebenwirkungen« abgesehen, alle weltweit gegen Insekten durchgeführten Feldzüge mehr oder weniger fehlschlugen, ja sogar das Gegenteil bewirkten, keimte in mir die Annahme, dass man ganz ohne Kriegserklärung auskommen und in gegenseitiger Achtung MITEINANDER leben könne. Gedacht, getan. Peinlichst achtete ich auf »meine« Ameisen, putzte fürsorglich um sie herum, krümmte keiner ein Haar ... Was soll ich sagen? – Die erwartete Invasion blieb aus! Nun tummeln sich lediglich zehn bis fünfzehn Ameisen täglich in der warmen Mittagssonne auf der Arbeitsplatte meiner Küche, um später befriedigt abzurücken und mich für den Rest des Tages zu verschonen.*
*Nur ein Zufall? Mir gab diese Geschichte auf jeden Fall etwas vom ganz großen Gefühl, dem Gefühl der Einheit, der Weltenverbundenheit zurück.*

Das Gleiche gilt für den toleranten Umgang mit den Pflanzen, auch sie sind Geschöpfe dieser Welt, Unkräuter eingeschlossen ...
Bei meinen umweltpädagogischen »Wiesen-Führungen« habe ich feststellen dürfen, dass es für die Menschen, egal ob Jung oder Alt, etwas Besonderes ist, gleich einem Privileg, Pflanzen der Heimat kennen und genießen zu lernen – vorgefasste Meinungen nicht bestätigt zu bekommen, dafür aber neue Eindrücke zu erfahren, weg von der digitalisierten Welt, hin zum Reichtum unserer lebendigen Mutter Erde. Man kann gar nicht glauben, wie groß doch das Interesse an einer gesunden, intakten Umwelt und der dementsprechenden Lebensweise ist, wie sehr sich die Menschen nach der Lebensauffassung der Alten sehnen, wie viel davon verloren ging und wie wichtig es ist, diese Erfahrungen für die Generation danach zu erhalten.
Lassen Sie uns den ersten Schritt tun, manchmal staunt ein Mensch, wie schnell er lernt, auf eigenen Beinen zu stehen!

# ... und ein guter Rat vorab

Der Fantasie sind in der Wildpflanzenküche keine Grenzen gesetzt; wer den Weg zu ihr gefunden hat, kommt schlecht wieder davon los.

Die Wildpflanzen können wie jeder »normale Salat« oder jedes »normale Gemüse« aus dem Supermarkt oder aus dem Garten verwendet, kombiniert und angerichtet werden. Wer den Geschmack erst einmal einzuordnen weiß, kann gerade mit ihnen unverwechselbare und noch dazu sehr gesunde Unikate auf den Tisch bringen, die mit einer bunten Vielfalt gemischter Blüten auch zu einem Augenschmaus werden können. In vielen Büchern zu diesem Thema stehen viele wunderschöne Rezepte. Vertrauen Sie aber nicht irgendeinem schönen Bogen Papier, der mit einem exotischen Abenteuer lockt, sondern nur Ihrer Nase! Essen Sie nur, was sie mögen, zwingen Sie sich zu nichts (oder essen Sie alles, was die Gemüseecke im Supermarkt zu bieten hat?)! Viele Pflanzen wie Disteln, Wiesenbärenklau, Hirtentäschel, Huflattich, Wegerich etc. sind zwar nicht giftig und sogar genießbar, doch die einen schmecken eher sonderbar, die anderen sind nur mit einem ungeheuren Aufwand zuzubereiten, und die dritten können in größeren Mengen genossen oder unter bestimmten Umständen der Gesundheit abträglich sein: Disteln entstacheln ist wegen des Zeitaufwands ein Unding, Wegerich ist zäh wie Hosenleder und auf jeden Fall besser als blutstillendes Mittel zu gebrauchen (Blätter bei offener Verletzung kräftig reiben, bis sie leicht matschig sind, und auf die Wunde auflegen), Hirtentäschel sollte vorsichtig dosiert werden, da er auch arzneiliche Wirkungen hat, und der als Retter der männlichen Potenz gepriesene Wiesenbärenklau verursacht Wiesendermatitis, wenn der Saft der Pflanze mit der Haut des Menschen in Berührung kommt und diese auch noch – wie sollte es im Sommer anders sein? – der Sonne ausgesetzt wird. Man sollte bedenken, dass auch Gras und Klee und Quecken der Gesundheit sogar zuträglich sein können – sie sind keineswegs giftig, sondern essbar –, deswegen aber noch lange nicht experimentierfreudigen Küchenbotanikern zum Opfer fielen und nun in atemberaubenden Rezepten demütig ihrer Eroberung harren. Warum wohl?

# Wildpflanzen gestern und heute

Pharmazeutische Unternehmen schicken ihre Mitarbeiter in die »grüne Apotheke«, um deren Geheimnisse zu lüften, Universitäten und Forschungszentren kultivieren in Kräutergärten, was später unters Mikroskop kommt. Die Wissenschaft der Pflanzenheilkunde – Phytotherapie genannt – erlebt eine Renaissance. Aus gutem Grund: Kräuter vermitteln Gesundheit und Wohlgeschmack, sind Würze und Essenz, Narkotika oder Aphrodisiaka. Kräuter beherrschen und beflügeln nicht nur den Körper und die Sinne, sondern auch die Fantasie (die auch bei unseren Vorfahren schon äußerst erotisch war). Es gibt Tausende von Überlieferungen, noch mehr Rezepte, unglaublich viele Tinkturen gegen dies und jenes, Salben, Pillen etc. Auch als Garant für glückliche Ehen werden und wurden Kräuter verwendet.

*Als kleines Beispiel: Früher wurde von den Alten Weisen angeraten, ein Brautgemach zu räuchern, bevor es zum Brautgemach gemacht werden sollte. Zu diesem Zweck wurde die Brombeere herangezogen, denn der Brombeerrauch galt als magischer Schutz gegen jegliches Unheil, das enttäuschte Kontrahenten dem jung vermählten Paar gewünscht hatten. Natürlich durften die Fenster während der Räucherung und danach nicht geöffnet werden; der Zauber des Rauches wäre sonst entwichen und mit ihm die guten, hilfreichen Geister, die den Verwünschungen widerstanden. Damit der Aufenthalt (verbranntes Brombeergestrüpp ist nicht gerade ein Aphrodisiakum) in der Liebeskammer dennoch möglich und auch das Brautgemach als solches zu nutzen war, wurden duftende Kräuter eingesetzt, die dem Qualm entgegengewirkt haben sollen.*
*Mögen die Brautleute lange Freude an den duftenden Kräutern gehabt haben!*
*Da wir gerade bei etwas obskuren Bräuchen sind – auch wenn es jetzt nicht so ganz zum Thema passt, zeigt es doch ganz gut, was auf diesem Gebiet überhaupt an Aberglauben möglich war und gemacht wurde: Im Mittelalter hielt sich ein Brauch, der, um »eine Frau dem Manne gefügig zu machen«, unter Zuhilfenahme eines einfachen Apfels geschah. Dieser musste von dem Buhler mit dem Schweiß des auserkorenen »Weibes« befeuchtet und von der Selbigen dann schließlich gegessen werden. Welch Tragödien könnten sich im Mittelalter abgespielt haben, wenn ein später Frost die Apfelblüten zerstörte?*

Doch zurück zum Thema. Neben dem mystischen Aspekt – viele Kräuter werden eng mit Teufel, Hexen und Zauber in Verbindung gebracht – spielt gerade auch bei Kräutern der Gebrauch als Heilmittel eine wesentliche Rolle. Die Anwendungsarten sind mannigfaltig: So werden aus Kräutern alkoholische Auszüge bereitet, Tees hergestellt, Tinkturen erzeugt und Salben bereitet. Kräuter sind unersetzlich. Daneben sei der Wohlgeruch dank der ätherischen Öle und der Wohlgeschmack nicht vergessen. Außerdem bereichern sie jede Mahlzeit durch eine Fülle an Vitaminen, darin schlagen sie die üblichen Kulturgemüse haushoch. So hat zum Beispiel die Brennnessel einen sechseinhalb Mal so hohen Gehalt an Vitamin C wie der Spinat. Kräuter geben in einem guten Essen einfach den Ton an.

### Vitamin-C-Gehalt in mg/100 g essbarem Anteil

| Kulturgemüse | | Wildgemüse | |
|---|---|---|---|
| Kopfsalat | 13 | Gänseblümchen | 87 |
| Spargel | 21 | Löwenzahn | 115 |
| Wirsing | 45 | Sauerampfer | 117 |
| Rotkohl | 50 | Franzosenkraut | 125 |
| Spinat, frisch | 52 | Wilde Malve | 178 |
| Blumenkohl | 73 | Große Brennnessel | 333 |

 **Tipp:** Kräuter eignen sich übrigens nicht nur zum Verfeinern von Speisen. Auch als Trockengestecke sind sie eine Augenweide und trösten über so manchen tristen grauen Wintertag hinweg. Außerdem eignen sie sich zur Füllung eines Duft-, Schlaf- und/oder Heilkissens.

# Tipps zum sicheren Bestimmen und Sammeln

Grundsätzlich dürfen nur Pflanzen, die zweifelsfrei als genießbar identifiziert wurden, gesammelt werden. Dieser Ratschlag kann gar nicht oft genug wiederholt werden, denn nirgends sind Freund und Feind so eng beisammen wie in der Natur. Viele »Neueinsteiger« überschätzen sich und ihre Fähigkeiten bei der eindeutigen Bestimmung der grünen Weggefährten. Für den Anfänger ist ein schrittweiser Einstieg, begleitet von einem guten Pflanzenführer, anzuraten: Auch gibt es schon Institutionen, die Kurse auf diesem Gebiet anbieten. Auf jeden Fall sollte Wert auf wetterfeste Kleidung sowie gutes Schuhwerk gelegt werden, da sich der Vorgang des Sammelns lange hinziehen kann. Seien Sie fair mit der Natur, sie will auch leben. Ernten Sie nicht alles rigoros ab! Haben Sie keine Angst, auch nicht vor einer Maus oder einer Spinne. Niemand tut Ihnen etwas!

*Wir haben auf unserer Rinderweide einen hohlen Weidenbaumstamm, in dem es sich ein Schwarm Hornissen sozusagen bequem gemacht hatte. Anfänglich ängstigten mich die großen Brummer schon, zumal sie aufgeregt umherschwirrten. Doch als ich sah, dass sie sogar die sich an dem Stamm scheuernden Rinder unbehelligt ließen, ging ich zu ihnen. Dicke, fette, gewaltige wespenähnliche Wesen, wie aus einem Genlabor entwichen, umschwirrten meinen Kopf und setzten sich auf meiner Kleidung ab. Nein, keine hat mich gestochen, auch nicht an den folgenden Tagen, die ich bei unseren Rindern verbrachte.*

## Was kann ich sammeln?

Gesammelt werden können Blätter, Früchte, Beeren, Blüten und Wurzeln. Hier eine Auswahl an wohl schmeckenden und häufig vorkommenden Wildpflanzen, die sich ganz hervorragend für den Einsatz in der Küche eignen.

### Speisepflanzen:

*Beinwell, Brennnessel, Brombeere, Franzosenkraut, Gänseblümchen, Hagebutte, Himbeere, Holunder, Klette, Löwenzahn, Malve, Meerrettich, Pastinak, Sauerampfer, Schlehdorn, Taubnessel, Vogelmiere, Wiesenbocksbart*

**Würzpflanzen:**
Bärlauch, Beifuß, Dost, Knoblauchsrauke, Meerrettich, Pfefferminze, Quendel, Salbei, Sauerampfer, Schafgarbe, Waldkiefer, Zitronenmelisse

**Teepflanzen:**
Brombeere, Dost, Heckenrose oder Hagebutte, Himbeere, Pfefferminze, Quendel, Salbei, Schafgarbe, Zitronenmelisse

**Pflanzen, die der Weinbereitung dienen:**
**Früchte:** Brombeere, Hagebutte, Heidelbeere, Himbeere, Schlehe
**Blüten:** Löwenzahn
**Wurzeln:** Pastinak

**Pflanzen, die der Sirupbereitung dienen:**
Veilchen, Löwenzahn, Holunder, Schlehdorn

**Knospen für die Kapernbereitung:**
Löwenzahn, Gänseblümchen

**Pflanzen zum Aromatisieren von Essig und Öl:**
Bärlauch, Beifuß, Dost, Quendel, Salbei, Schafgarbe

# Wann kann ich sammeln?

Damit sich die Kräfte einer Pflanze voll entfalten können, sind bestimmte Sammelzeiten zu beachten. Die Mondphasen spielen dabei ein wichtige Rolle, da sich die Anziehungskraft des Mondes auf die Pflanzen auswirkt: Bei abnehmendem Mond ziehen die Säfte in die Wurzel, bei zunehmendem Mond wandern sie in die oberirdischen Teile der Pflanze. Grundsätzlich gilt deshalb für alle oberirdischen Pflanzenteile die Zeit des zunehmenden Mondes bis zum Vollmond als beste Sammelzeit. Wurzeln dagegen sollten bei abnehmendem Mond bis zum Neumond geerntet werden.

Zu welcher Jahreszeit gesammelt wird, hängt von der Art des Sammelguts ab. Als Faustregeln gelten:

• **Blätter** nur im Frühjahr bis zum Sommer, grundsätzlich nur von einer einwandfreien Farbe und Beschaffenheit am Morgen, sobald der Tau getrocknet ist (mit Ausnahme der Blätter für die Teefermentation, die »taufrisch« geerntet werden).

- **Blüten** nur voll aufgeblüht, ohne Flecken oder Schimmelpilzbefall, bei Sonnenschein.
- **Früchte** zur Reifezeit.
- **Beeren** ebenfalls nur zur Reifezeit (auch hier: Finger weg von pelzig/pilzig überzogenen Exemplaren).
- **Wurzeln** im Frühjahr oder Herbst, morgens oder abends.

Ein Sammelkalender für die im Buch vorkommenden Pflanzen befindet sich im Anhang (Seite 186). Dort können Sie nachschlagen, in welchen Monaten Sie die einzelnen verwendbaren Pflanzenbestandteile einer jeden Pflanze finden.

## Wo kann ich sammeln?

An Straßen, Radwanderwegen und Bahndämmen sollte wegen der starken Verschmutzung vom Sammeln Abstand genommen werden. Berghänge, Uferbereiche, abseits liegende Feldwege und schwer zugängliches Gelände eignen sich dagegen hervorragend zur Ernte.
Meiden Sie ausgedehnte Kulturlandschaften (Plantagen gehören mit dazu!) und Ränder von Äckern, die durch regelmäßige Fahrspuren unterbrochen sind!
Wer auf Nummer sicher gehen will, erkundigt sich in einer Ortschaft nach einem ansässigen Ökobauern und fragt diesen um Rat. Gern wird er Ihnen erklären, wo seine Felder in der Gemarkung liegen, die Sie dann ganz sicher schon von weitem von den anderen unterscheiden werden. Kamille steht davor und darin und versprüht einen faszinierenden Duft, roter Mohn tanzt wie beseelt zwischen den Getreidehalmen, Kornblumen tanzen mit, vom Gesang der Lerchen begleitet.

## Was brauche ich zum Sammeln?

Gleich einem Gärtner benötigen wir ein Minimum an Utensilien, wenn wir in der Natur ernten wollen: scharfe Schneidwerkzeuge, solides Bindegarn, Span- oder andere Holzkörbe (aber keine Plastiktragetaschen!) und für die Wurzelernte einen Spaten. Damit beginnen wir.
Zur Verarbeitung unserer Ernte zu Hause können wir alle haushaltsüblichen Küchengeräte benutzen. Allerdings sollte das Besondere und Aufwendige schon durch eine schonende Verarbeitung und durch Ergänzung ökologisch erzeugter vollwertiger Nahrungsmittel zu etwas ganz Besonderem gemacht werden. Erst dann erhebt sich eine Mahlzeit zu einem Höhepunkt.

# Konservierungsmethoden

Wichtig ist auch bei den Kräutern eine schonende Konservierung. Beim Trocknen der Kräuter verflüchtigen sich die für den typischen Geruch oder Geschmack verantwortlichen ätherischen Öle zwar ein wenig, zum Würzen und für Tees eignet sich diese Konservierungsmethode aber dennoch, wenn man die besonderen Aromen das ganze Jahr über zur Verfügung haben möchte. Für die Kräuterkonservierung bieten sich außerdem das Einlegen in Essig und Öl an sowie die Aromatisierung von Essig und Öl mit diversen Würzkräutern. Die Aromen bleiben so sehr gut erhalten. Allerdings eignet sich natürlich nicht jedes Gericht dazu, mit einem würzigen Öl oder Essig verfeinert zu werden.

## Trocknen

Das Trocknen eignet sich hauptsächlich für Gewürz- und Teekräuter.

### Zutaten und Utensilien

Die Kräuter sollten frisch und einwandfrei sein, das heißt ungezieferfrei und ohne Schimmel.
Zum Trocknen der Kräuter benötigt man lediglich eine saugfähige Unterlage (zum Beispiel Papier).
Eine einfache Methode, mit der man gerade bei fermentiertem Tee gute Trocknungsergebnisse erzielt, ist das Trocknen mit einem Trockenrahmen: Dafür bespannt man einen aus Latten zusammengenagelten Rahmen mit einer Baumwollwindel oder einem anderen dünnen Baumwolltuch.

### Vorgehensweise

Die Pflanzen, die nicht feucht sein dürfen, werden bei zunehmendem Mond gesammelt, da sich das Aroma und die grüne Farbe dann länger halten. Sie werden an einer möglichst windgeschützten Stelle im Freien oder in einem gut gelüfteten Raum auf einem saugfähigen Papier ausgebreitet, aber niemals der prallen Sonne ausgesetzt. Die Pflanzen werden während des Trockenprozesses mehrmals gewendet, eventuell wird die Unterlage gewechselt, wenn sie zu feucht geworden ist.
Notfalls kann auch im Backofen getrocknet werden, die Temperatur sollte allerdings 36 °C nicht überschreiten, damit die wertvollen Inhaltsstoffe nicht zerstört werden.

Wenn man einen Trockenrahmen gebastelt hat, lehnt man diesen an einem luftigen, schattigen Ort schräg an die Wand. Die Kräuter werden darauf ausgebreitet und hin und wieder gewendet. Dadurch ist von beiden Seiten eine optimale Luftzufuhr gewährleistet.

Langstielige Pflanzen können auch gebündelt aufgehängt getrocknet werden und haben so auch noch einen höchst dekorativen Nutzen.

Nach dem Trocknen bewahrt man die Kräuter zerkleinert bzw. gerebelt in luftdicht abgeschlossenen und möglichst lichtundurchlässigen Gefäßen auf.

## Aromatisierung von Öl und Essig

Zur Aromatisierung von Essig oder Öl kann man verschiedene würzende Kräuter zusetzen. Das Aroma der Würzkräuter geht in den Essig bzw. das Öl über und gibt ihm dadurch eine ganz bestimmte geschmackliche Note. Diese besonderen Essenzen geben Salaten den letzten Pfiff und sind auch zum Verfeinern von Saucen oder herzhaften säuerlichen Suppen bestens geeignet.

### Zutaten und Utensilien

Man benötigt saubere, von Ungeziefer und Verderb freie aromatische Kräuter (Bärlauch, Beifuß, Dost, Quendel, Salbei, Schafgarbe, Veilchen) und relativ neutral schmeckendes Öl bzw. Essig. Verwendet werden können alle oberirdischen Pflanzenteile, auch blühende.

An Utensilien braucht man verschließbare Einweckgläser und dunkle Flaschen.

### Aromatisierung von Öl

Zum Aromatisieren von Öl nimmt man ein verschließbares Einmachglas und füllt dieses etwa halb voll mit gereinigten, zerkleinerten Kräutern. Bedingung ist, dass die Kräuter und das Gefäß ganz trocken sind. Wenn die Kräuter beim Trocknen eventuell anwelken, ist das nur von Vorteil, da sich die meisten ätherischen Öle erst dann so richtig entfalten.

Auf die vorbereiteten Kräuter, die man getrost auch mischen kann, gibt man so viel gutes, im Geschmack neutrales Öl, dass sie vollständig bedeckt sind. Man lagert es fest verschlossen an einem warmen, sonnigen Ort vier bis sechs Wochen, dann wird es gefiltert und in dunkle Flaschen umgefüllt.

Eine andere Variante, die allerdings mehr der Optik als dem Geschmack dient, ist das Einsetzen von Kräuterzweigen (vorherige Reinigung ist selbstverständlich) in dekorative Ölgefäße, die nicht nur als Blickfang dienen, sondern vielmehr Ihre Gäste auf Ihren Küchenzauber neugierig machen werden.

### Aromatisierung von Essig

Die Vorgehensweise gleicht der Aromatisierung von Öl. Allerdings ist hier die Verwendung frischer, nicht angewelkter Pflanzen von Vorteil, auch sollte man vorher bedenken, welches Resultat man erzielen will.

Neben Veilchen (ergibt einen Parfumessig, um den man Sie beneiden wird!) können alle anderen aromatischen Pflanzen und Blüten genutzt werden, sodass man schnell seine Favoriten konserviert hat. Die Dauer des Einlegens bestimmt den Geschmack, der von mild bis kräftig tendieren kann und jedem selbst überlassen bleibt.

 **Tipp:** Ich lasse meine Kräuter bis zum Aufbrauchen des Flascheninhaltes im Essig; er ist noch nie schleimig geworden. Sollte dies einmal der Fall sein, so wurde wahrscheinlich nicht sauber genug gearbeitet.

## Einlegen von Wildkräutern

Auch die aromatischen Kräuter selbst lassen sich mit einer einfachen Methode spielend so konservieren, dass man auch im Winter den Salat durch die Beigabe eingelegter Wildkrautblätter ein wenig aufpeppen kann.

### Zutaten und Utensilien

Man benötigt einen Wein- oder Apfelessig, Meersalz und einwandfreie frische Kräuter. Die Gläser müssen gut gereinigt und fest verschließbar sein.

### Vorgehensweise

Die Wildkräuter werden gründlich gereinigt und gut getrocknet. Dann hackt man sie fein, schichtet sie in reine Gläser und drückt sie an. Der Essig wird aufgekocht; auf 1 l Essig kommt 1 EL Salz. Nach einer kurzen Abkühlpause gibt man den Sud über die Kräuter und verschließt die Gläser fest.

An einem trocknen, dunklen Ort gelagert, halten sich die Kräuter mindestens ein Jahr.

## Alkoholische Kräuterauszüge und Liköre

Natürlich können Kräuter auch in Alkohol eingelegt den »Winter überdauern« (wenn man sie nicht vorher konsumiert. Es schmeckt ja so gut, was Ihre Freundinnen und Freunde auch bald feststellen werden).

Die einfachste Methode ist die Mazeration. Hierbei werden Kräuter »aufgesetzt«, das heißt, sie werden mit einem relativ preisgünstigen weißen Kornbrand (32 bis 40 Prozent Alkohol) begossen, der die Geschmacksstoffe extrahiert. Mit 90-prozentigem Alkohol werden bessere Ergebnisse erzielt. Sollen die Kräuterauszüge zu Heilzwecken angewendet werden, eignet sich der hochprozentige Alkohol am besten. Für Liköre sind Alkoholika mit einem schwächeren Alkoholgehalt angebracht.

### Zutaten und Utensilien

Die Blätter, Blüten, Knospen, Samen, Wurzeln, Zapfen, Nadeln müssen einwandfrei sein, das heißt ohne Ungeziefer, Schimmel und Verunreinigungen. Für einen Likör verwendet man Alkoholika mit 32 bis 40 Prozent Alkoholgehalt; für Heilzwecke nimmt man einen 90-prozentigen Alkohol; diesen bekommt man nur in der Apotheke. Ferner braucht man Wasser und Vollrohrzucker.
Die Gefäße müssen sauber und gut verschließbar sein. Außerdem benötigt man Trichter und Seihtücher (der Einfachheit halber tut es auch eine Kaffeefiltertüte in einem Trichter).

### Vorgehensweise

Die gut gereinigten und getrockneten Kräuter werden in ein luftdicht verschließbares Gefäß gegeben und mit der entsprechenden Menge Alkohol versetzt. Es ist lediglich darauf zu achten, dass der Alkohol die Ingredienzen vollkommen bedeckt. Der Vollrohrzucker wird in etwas Wasser aufgelöst hinzugegeben. Dies hat zweierlei Vorteile: Zum einen ändert sich der Geschmack – der Likör wird samtig weich – zum anderen sinkt der Zucker nicht auf den Flaschengrund. Die festen Bestandteile bleiben über einen längeren Zeitraum in den Gefäßen, bevor sie abgeseiht werden. Hierfür verwendet man am Besten ein Seihtuch oder einen Kaffeefilter. Zum »Reifen« kommt der Likör einige Wochen in den Keller (Mengenangaben und genaue Vorgehensweise siehe Rezepte).

 **Tipp:** Ich bereite für die Mazeration immer einen Blütensirup zu, den ich statt Vollrohrzucker hinzugebe. Beispiele für Blütensirup finden Sie auf den Seiten 160 und 161.

*Rezepte für Liköre: Brombeerlikör (Seite 65), Holunderlikör aus Obstbrand oder aus Weinbrand (Seite 101), Weißer mit Kiefernspross (Seite 176), Wildkräutermagenbitter (Seite 136), Zitronenmelissenlikör (Seite 185)*

# Teekräuterbereitung

Nichts – oder nicht viel – geht über den Genuss einer heißen Tasse Tee in gemütlicher Atmosphäre, vielleicht bei knisterndem Feuer im eigenen Herd. Es ist so einfach, mit wenigen Dingen Harmonie herzustellen und ohne großen finanziellen Aufwand etwas ganz Besonderes – etwas Großartiges – mit den eigenen Händen zu schaffen. Wer dieses Gefühl verloren hat, sollte sich darauf zurückbesinnen und diesem einmaligen Gefühl der genießerischen Kreativität einen festen Platz im Leben einräumen.

Tee selbst herzustellen, ist einfacher als vielfach angenommen; das Ergebnis wird bestimmt zum Weitermachen ermutigen.

Es gibt zwei Möglichkeiten für die Teeherstellung. Entweder wird das Kraut an einem schattigen, luftigen Ort getrocknet (siehe auch Kapitel »Trocknen«, Seite 16), oder es wird fermentiert und erst danach getrocknet. Der Unterschied liegt im Geschmack; niemand wird Ihnen glauben, dass Sie da zum Beispiel Himbeerblätter gebrüht haben, wenn Sie Tee aus fermentierten Blättern servieren. Alle Rosengewächse eignen sich übrigens vorzüglich zum Fermentieren und schmecken gut.

## Zutaten

Saubere Pflanzen, die frei von kranken Blättern sind, sind die Grundbedingung für einen wohl schmeckenden, aromatischen Tee. Auch auf Insektenbefall prüfen! *Pfefferminze, Salbei, Waldmeister* und *Zitronenmelisse* werden vor der Blüte geerntet. *Weißdorn* wird nicht voll erblüht gesammelt, *Dost, Echtes Labkraut, Kamille* und die Blüten der *Königskerze* sowie der *Schafgarbe* werden nur voll erblüht an einem trockenen Tag – von Vorteil ist immer Sonnenschein – gesammelt. *Brombeer-, Erdbeer-* und *Himbeerblätter* sammelt man am Besten vor der Blüte, da sich dann die meisten Inhaltsstoffe in den Blättern befinden. Grundsätzlich werden nur junge, etwas hellere Blätter geerntet. An Brombeer-, Erdbeer- und Himbeerpflanzen kann man bis zum August solche jungen Blätter finden, die *Heckenrose* dagegen wirft schon recht früh das Laub ab. Es beginnt schon im Juli, sich zu verfärben.

Brennnesselwurzel wird im Herbst geerntet. Beim Huflattich werden die Blüten, die vor den Blättern erscheinen, im zeitigen Frühjahr geerntet, die Blätter im Sommer. Blätter und Blüten wirken gegen Husten.

## Utensilien

An Gerätschaften wird nicht viel benötigt: ein Nudelholz, ein Flanell- oder Handtuch, etwas Folie, ein Holzbrett, eventuell ein Steintopf mit Deckel und ein schön warmer Ort, an dem die Teeblätter in Ruhe fermentieren können.

*Auch der gesundheitliche Aspekt sollte in diesem Buch nicht zu kurz kommen. Den verschiedenen Teesorten werden folgende Wirkungen zugeschrieben:*
*Die Blüten des **Weißdorns** sind als Herzpflegemittel bekannt.*
***Schafgarbe** reguliert neben der Verdauung auch die Menstruation.*
***Salbei** ist gut für Hals und Bronchien und sorgt für eine gesunde Gesichtsfarbe.*
***Brennnesselwurzeln** werden zur Stärkung nach überstandener schwerer Krankheit oder als Haarspülung bei Schuppen eingesetzt.*
***Kamille** wirkt entzündungshemmend und beruhigt sanft die Nerven.*
*Die **Königskerze** gleicht in ihrem Wirkungsspektrum dem **Huflattich:** Sie ist hilfreich bei Husten und Bronchialverschleimung.*
*Das **Echte Labkraut** soll äußerlich angewendet zum Auswaschen von Wunden oder als Fußbad gut Dienste leisten. Als Tee wirkt es harntreibend und krampflösend.*
***Brombeer-** und **Himbeerblätter** werden als Tee bei Hautausschlägen gegeben.*
***Erdbeerblättertee** wirkt harntreibend und zusammenziehend und wird allgemein zur Stärkung empfohlen.*
***Waldmeister** (Herzfreude) soll das Herz stärken. Der typische Duft kommt von Kumarin. Das Kraut wird vor der Blüte im Mai gesammelt.*

## Trocknen

Die Pflanzen werden gebündelt und an einem schattigen Ort getrocknet (siehe auch Kapitel »Trocknen«, Seite 16). In luftdicht verschlossenen Gefäßen hält sich ihr unverwechselbares Aroma sehr gut.

## Fermentieren

Die Blätter der Heckenrosen, Himbeeren, Erdbeeren und Brombeeren werden im zeitigen Frühjahr, recht früh am Morgen (wegen der Feuchtigkeit durch Tau) geerntet, in ein festes Tuch gewickelt und in der Sonne liegend leicht angewelkt. Sie werden binnen einiger Stunden ganz lasch und faltig, und der Geruch verändert sich – die Blätter riechen intensiv. Nach dem Anwelken werden sie auf einer festen Unterlage (angefeuchtetes Holzbrett) mit einem Nudelholz so lange bearbeitet, bis sie sich ganz dunkel verfärbt haben (zwanzig Minuten sollte man für diese Arbeit mindestens einkalkulieren!). Im Anschluss daran werden die Blätter mit etwas warmem Wasser besprengt, in ein Flanelltuch fest eingewickelt (wie eine Roulade) und abschließend mit einer luftundurchlässigen Folie umgeben an einem warmen Ort (aber nicht über 30 °C) drei bis vier Tage gelagert. Danach werden die Blätter, die nun einen angenehmen Geruch haben und von dunkler Farbe sind, auseinandergezupft, zerkleinert, getrocknet und aromaschonend aufbewahrt.

Wem diese Methode zu müßig ist (ab einer bestimmten Menge wird sie es mit Sicherheit), kann die Blätter auch, ähnlich wie bei der Sauerkrautbereitung, in einen Steintopf fest einschichten und fest stampfen. Man sollte allerdings wissen, dass sich die Blätter schon beim Stampfen – nicht Zermatschen! – ein wenig dunkel färben. Abgedeckt wird der Steintopf mit einem passenden Deckel (ich nehme, falls kein Holzdeckel hineinpasst, einen Porzellanteller, den ich mit einem schweren Stein beschwere).

Hier noch eine einfache Methode, wie sie von meiner Freundin Ruth praktiziert wird: Sie gibt die Blätter in einen großen Zellophanbeutel und bearbeitet nun den Beutelinhalt mit ihrem Körpergewicht – sprich mit den (sauberen) bloßen Füßen –, der sich tatsächlich während der nächsten halben Stunde dunkel färbt. Dann verfährt sie weiter wie oben beschrieben.

 **Tipp:** Durch Hinzugabe getrockneter Früchte (Himbeeren, Brombeeren) kann der Geschmack des Tees noch spezifischer geprägt und individueller gestaltet werden.

*Rezept mit fermentiertem Tee:* Rosen-Milch-Tee (Seite 80)

# Hausweinbereitung

Zu einem guten Essen gehört seit Urzeiten ein guter Tropfen süffigen Weins. Mit dem Hauswein ist es übrigens wie mit allen anderen hausgemachten »Lebensmitteln«: Sie sind einfach immer wieder zum Verlieben ... klar und rein im Geschmack. Und man hat die Sicherheit, dass nichts darin ist, was eigentlich gar nicht hinein gehört. Und dass Wein grundsätzlich aus Weintrauben oder Äpfeln gemacht sein muss, ist Unsinn, wie Sie im Folgenden erfahren werden. Einen Wein selbst herzustellen – egal woraus –, ist immer eine besonders aufregende Sache, vor allem wenn man bedenkt, wie lange es dauert, bis der Wein fertig ist.

## Was brauche ich zur Weinherstellung?

### Zutaten

Viele Früchte haben einen zu geringen Zuckergehalt für die Bereitung von Wein. Der **Zucker** wird durch die Gärung zu Alkohol umgewandelt, zusätzlich ist ein gewisser Restzuckergehalt aber nötig, um den oft sehr sauren Charakter des Weins zu mildern. Daher gibt man noch Zucker hinzu. Die notwendige Zugabe größerer Zuckermengen für die Gärung sollte in Intervallen von einigen Tagen geschehen, damit die Gärfähigkeit der Weinhefe nicht beeinträchtigt wird. Verwendet wird raffinierter weißer Zucker, der mehr oder weniger vollständig vergoren wird. Daher würde es nicht viel Sinn machen, guten – und natürlich sonst sehr viel gesünderen – Vollrohrzucker oder andere gesündere Süßungsmittel zu verwenden.

Das **Wasser** braucht nicht abgekocht zu werden, wenn es Trinkwasserqualität hat.

Durch die Zugabe von **Weinhefe** wird die Gärung beschleunigt und das Entstehen unerwünschter Hefepilze verhindert. In Drogerien gibt es verschiedene Weinhefestämme, durch die sich das Bukett, der Alkoholgehalt und die Süße des Weins bestimmen lassen. Grundsätzlich sollte Weinhefe 24 Stunden vor der Verwendung schon in etwas Most angesetzt werden, damit die größtmögliche Hefeaussaat erreicht wird und die »wilden« Hefen überwuchert werden.

 **Tipp:** Säuren sind ein natürlicher Schutz gegen Weinerkrankungen. Aus diesem Grund empfiehlt es sich, dem Weinansatz Zitronensäure zuzusetzen. Auf fünf Liter Wein verwendet man den Saft von zwei unbehandelten Zitronen.

***Utensilien***

Als **Gärgefäße** benutzt man grundsätzlich weiße oder grüne Glasballons. Sie bieten den Vorteil, dass man den Verlauf der Gärung sowie die Klärung des Weins ständig beobachten, sprich kontrollieren kann. Die verwendeten Gefäße dürfen nicht aus Metall sein, also keine Kupfer-, Zink- oder Eisengefäße verwenden. Plastik ist unästhetisch und beeinflusst den Geschmack negativ. Neben den üblichen Küchenutensilien wie Trichter, Schüssel etc. braucht man noch **Gärröhrchen,** eventuell etwas Knetmasse zum Abdichten und auf die Ballone passende Korken. Zum Abziehen des Weins nimmt man einen im Handel (zum Beispiel Drogerie) erhältlichen Weinschlauch. Zum Entsaften kann man verschiedene Möglichkeiten wählen: **Dampfentsafter, Fruchtsaftzentrifuge.** Wer solche Geräte nicht besitzt, kann sich auch eine Saftpresse selbst bauen (siehe Seite 26).

## Vorbereitung der Früchte

### *Reinigung der Früchte*

Alle Früchte werden gründlich gereinigt, eventuell geht man ihnen mit einer scharfen Bürste zu Leibe oder übergießt sie mit kochendem Wasser, um so gleichzeitig an den Früchten haftende Hefen und Bakterien abzutöten. Dies bedingt auch eine bessere Saftausbeute. Weiche Beeren werden in einen Durchschlag gegeben und gründlich abgebraust. Stiel, Blatt- und Blütenreste entfernen.

Da allerdings das geerntete Gut nicht vom Straßenrand oder von einer mit Pestiziden behandelten Plantage kommt, kann man auch ohne intensive Reinigung verfahren, denn durch die Gärung wird der ganze Schmutz »ausgeworfen« – Sie werden staunen, was da so alles herauskommt.

### *Zerkleinern der Früchte*

Beeren, Obst, Gemüse und Kräuter werden entweder mit einem rostfreien Messer, einem verzinnten Fleischwolf oder mit der Küchenmaschine grob zerkleinert. Dabei sollte man aufpassen, dass weiche Beeren nicht zermatscht werden.

 **Tipp:** Je besser das Pressgut zerkleinert ist, desto höher ist die Saftausbeute.

# Gewinnung von Most oder Maische

Das zerkleinerte Gärgut kann auf zwei Arten weiterverarbeitet werden: Entweder werden die zerkleinerten Früchte sofort entsaftet (Most) oder die Früchte werden mit Wasser versetzt (Maische) und einige Zeit vergoren, bevor der Saft ausgepresst wird. Diese Methode eignet sich vor allem für Früchte, die durch Auspressen wenig Saftausbeute bringen. Beide Methoden werden im Folgenden beschrieben.

Je nach zugegebener Zuckermenge und nach Art der Weinhefe erhält man einen leichten oder einen schweren Wein. Leichter Wein ist süffig und von leicht herbem Charakter. Er hat einen Alkoholgehalt von 5 bis 8 Prozent. Setzt man einen schweren Wein an, erhält man abhängig von der Zuckermenge und der Hefeart einen herben, trockenen bis sehr süßen Wein (Dessertwein mit 9 bis 16 Prozent Alkohol).

## Most

Bleiben wir zunächst bei der Gewinnung von Most oder Saft, dem **Auspressen.** Dies lohnt sich nur, wenn im Pressgut genug Saft vorhanden ist. Beeren pressen sich ausnehmend gut, Hagebutten verständlicherweise sehr schlecht bzw. gar nicht.

Da wohl die Wenigsten eine geeignete Fruchtpresse zu Hause haben, sind hier drei andere gute Methoden genannt, um an den wertvollen Saft zu kommen:

Der Saftentzug mittels **Fruchtsaftzentrifuge** dauert lang und macht wenig Spaß. Allerdings bleiben Geschmack und Vitamine gut erhalten.

**Dampfentsaftung** ist eine andere Möglichkeit. Diese Methode geht schnell, Bakterien und Keime werden zerstört, aber leider auch ein Teil der Vitamine. Die Ausbeute ist relativ hoch.

Mit einer **selbst gebauten Fruchtsaftpresse** kann man ebenfalls Saft gewinnen, dies ist vielleicht die einfachste Methode, da man kein spezielles Gerät benötigt.

Von den drei genannten Methoden soll hier besonders die Fruchtsaftgewinnung durch Auspressen mit der selbst gebauten Fruchtsaftpresse (siehe folgende Seite) erläutert werden: Das Pressgut wird in ein sauberes Baumwolltuch gewickelt (ich nehme der Einfachheit halber einen einfachen weißen Kopfkissenbezug aus kochfester Baumwolle), auf das Brett in der Kiste gelegt und mit dem Pressholz abgedeckt, das dann mit Gewichten beschwert wird. Als Gewichte können (gesäuberte) Steine verwendet werden. Das Gewicht richtet sich nach der Größe der Kiste und dem zu entsaftenden Gut. Wenn es zu schwer ist, spritzt der Saft durch das Tuch eventuell durch den Raum, und dort wollen wir ihn ja nicht haben.

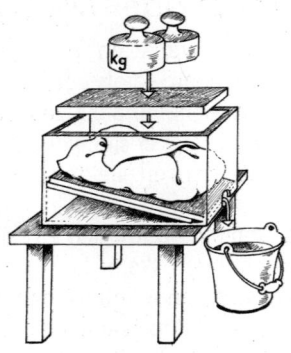

*Die Fruchtsaftpresse ist schnell improvisiert bzw. zusammengezimmert: Eine saubere Kiste aus unbehandeltem Holz wird auf der Innenseite beider Breitseiten mit je einer starken Leiste versehen. (Notfalls mit Pergamentpapier auskleiden, wenn das Holz sehr rau ist, dadurch wird auch ein Vollsaugen des Holzes verhindert.) Wegen des neutralen Geschmacks sollte möglichst eine Laubholzart verwendet werden. Dabei muss darauf geachtet werden, dass die Leisten parallel zueinander angebracht werden und ein leichtes Gefälle zum Saftablauf hin aufweisen. Der Saftablauf ist einfach ein Loch im unteren Teil der Kiste, unter das die Auffangschüssel gestellt wird. Denken Sie daran, dass genügend Platz für das Pressgut bleiben sollte, dass also die Leisten nicht zu hoch angebracht werden. Am besten ist es, wenn die Schräge direkt in den Saftablauf mündet.*

*Auf die Leisten wird ein passendes stärkeres, mit Pergamentpapier verkleidetes Brett gesetzt (es muss dem Druck der noch einzusetzenden Gewichte standhalten!). Ein zweites Brett, das natürlich auch wieder den Maßen der Kiste entsprechen muss, wird als Pressholz benutzt. Das Pressholz kann mit Pergamentpapier abgedeckt, ausgefugt und abgedichtet werden.*

**//  Tipp:** Most oder Maische dürfen nicht mit Metallteilen in Berührung kommen. Wenn man Geräte mit Metallteilen verwenden möchte, kann man diese mit Kelterlack versiegeln. Auch die herausragenden Nagelköpfe kann man mit Kelterlack bestreichen, damit es nicht zu unerwünschten Oxidationen kommt.

Der Vorgang des Auspressens wird Stunden, wenn nicht gar eine ganze Nacht andauern. Der Saft kann anschließend gleich in den Ballon gefüllt werden. Grundsätzlich empfiehlt es sich beim Arbeiten mit Weinhefe, schon mit dem ersten gewonnenen Saft eine saubere 0,7-Liter-Flasche zu drei Vierteln zu füllen (bei Zimmertemperatur), die Weinhefe hineinzugeben, den Ansatz mit einem Wattebausch zu verschließen und bis zum Einsatz mindestens 24 Stunden an einem warmen Ort ruhen zu lassen. So kann die Hefe schon »vorgären«. Noch besser ist es, zunächst nur eine kleine Menge Saft für den Ansatz zu gewinnen (etwa einen halben Liter) und den restlichen Saft erst am folgenden Tag zu pressen.

Nun wird zu dem gewonnenen Saft die in den jeweiligen Rezepten angegebene Wassermenge gegeben und die angesetzte Hefe sowie der aufgelöste Zucker zugesetzt. Zum Auflösen des Zuckers wird dieser mit wenig Wasser gekocht, bis er klar ist. Für einen schweren, süßen Wein wird zunächst erst ein Drittel des Zuckers zugesetzt, da große Zuckermengen die Gärung hemmen können. Der Ballon darf nicht bis zum Rand gefüllt werden, damit bei der in den ersten Tagen einsetzenden stürmischen Gärung nichts von der wertvollen Flüssigkeit aus dem Ballon schwappt. Der Ballon wird vorerst mit einem Wattebausch verschlossen.

## Maische

Einmaischen nennen die Experten die Art der Obstsaftgewinnung, bei der das Gärgut zunächst etwas vorgegoren wird, bevor man es entsaftet. Dadurch ist die Saftausbeute höher. Allerdings stellt das Einmaischen auch schon die erste Stufe der Weinbereitung dar. Beim Einmaischen werden gern Kräuter, Beeren oder Obst- und Gemüsesorten verwendet, die wenig Saft haben.

Das zerkleinerte Maischgut wird in ein emailliertes Gefäß oder ein Holzgefäß gefüllt und mit Leitungswasser versetzt. Wer nicht ohne feste Gewichtsangaben arbeiten möchte, nimmt Maischgut und Wasser zu gleichen Teilen, das ist auf keinen Fall verkehrt. Experimentierfreudigere ermitteln mittels Augen, Mund und Nase den Reifegrad, die Süße und das Aroma des Rohstoffes, entscheiden ganz individuell, wie viel Wasser zugesetzt wird (Verhältnis Rohstoff zu Wasser 1:1 bis 2:3) und bestimmen damit das Aroma des Weines. Mondstände, Reifegrade und Qualität tragen erheblich zu Geschmacksunterschieden bei, die man in einem Rezept einfach nicht berücksichtigen kann.

In die Maische kommt die Wein- oder Bäckerhefe sowie je nach Weincharakter für einen leichten Weinansatz die gesamte im Rezeptteil angegebene Zuckermenge, für schweren Weinansatz zunächst nur ein Drittel der angegebenen Zuckermenge. Damit der Zucker gelöst in die Maische gelangt, sollte er vorher in einer kleinen, aber ausreichenden Wassermenge aufgekocht werden, bis er sich vollkommen gelöst hat. Die Ansatztemperatur der Maische sollte 20 °C betragen, liegen die Außentemperaturen deutlich darüber, wird empfohlen, den Ansatz zu schwefeln. Da darauf aber lieber verzichtet werden soll – schließlich wollen wie ein »echtes« Naturprodukt ohne Zusätze erhalten – ist die Weinbereitung bei sehr hohen Lufttemperaturen nicht zu empfehlen. Das Gefäß wird dann mit einem Tuch abgedeckt. Nach 24 Stunden wird der Saft abgeseiht oder ausgepresst.

Das Abseihen geht mit einem umgekehrt auf den Tisch gestellten Stuhl am einfachsten: Ein Baumwolltuch wird mit den Zipfeln an den Stuhlbeinen befestigt, darunter kommt das Sammelgefäß. Dann gibt man die Maische in das Tuch. Zum Auspressen sollte man auf die selbst gebaute Saftpresse zurückgreifen (siehe Seite 26) oder kleinere Mengen von Hand in einem improvisierten Presssack auswringen.

Man füllt den gewonnenen Saft gleich in den Ballon (nicht bis zum Rand!) und verschließt diesen provisorisch mit einem Wattebausch.

 **Tipp:** Grundsätzlich müssen die Gärgefäße »passen«, also niemals in einem 20-Liter-Ballon fünf Liter Wein ansetzen! Allerdings muss wegen der stürmischen Gärung auch noch etwas Platz im Ballon bleiben. Daher sollte auch ein Standplatz gewählt werden, an dem der Weinansatz ruhig einmal aus dem Ballon treten darf.

## Gärung

Etwa zwei Tage, nachdem der Weinansatz aus Maische oder Most in den Ballon gefüllt und provisorisch verschlossen wurde, setzt die **»stürmische Gärung«** ein. In dieser Zeit wird das zweite Drittel der Zuckermenge für schweren Wein hinzugegeben. Etwa am vierten Tag gibt man auch noch die restliche Zuckermenge hinein. Die geeignete Gärtemperatur liegt bei 20 bis 25 °C. Um ein Überlaufen zu verhindern, verschließt man den nicht allzu voll gefüllten Ballon mit einem Trichter, auf dem ein Deckel (zum Beispiel eine Untertasse) nicht zu fest sitzen sollte. Nach einer Woche, gelegentlich dauert die Gärung auch etwas länger (das ist von der Temperatur und dem Temperament abhängig), beruhigt sich der Wein und geht zur ruhigen Gärung über. Dies erkennt man an den vielen kleinen weißen, im Ballon aufsteigenden Blasen. Nun ist es an der Zeit, die laut Rezeptur vorgesehene Wassermenge bis zum unteren Ende das Flaschenhalses aufzufüllen. Mit einem Gärröhrchen, einem passenden Korken und eventuell mit spezieller Knetmasse wird der Ballon luftdicht verschlossen. Dies ist unbedingt notwendig, damit sich Schimmelpilze, Kahmhefen und Essigbakterien, die meist für ihre Entwicklung Sauerstoff benötigen, nicht entwickeln können. Das Gärröhrchen sollte nur wenige Zentimeter vom Gärgut entfernt sein.

 **Tipp:** Ob zum zusätzlichen Abdichten Knetmasse benötigt wird, lässt sich ganz einfach herausfinden: Wenn im Ballon kleine Bläschen aufsteigen, wodurch die im Gärröhrchen befindliche Flüssigkeit in Bewegung gerät und »klickert«, ist der Ballon fest verschlossen. Ist die Flüssigkeit im Gärröhrchen ruhig, so weist dies darauf hin, dass der Ballon nicht fest genug geschlossen ist und der Kork mit Knetmasse abgedichtet werden muss.

## Abziehen des Weins

Nach etwa sechs Wochen sollte der Weinansatz das erste Mal abgezogen werden. Dies ist nötig, da die auf dem Boden sitzenden feinen Bestandteile wie Hefen und Fruchtteilchen dem Wein einen muffigen, bitteren, fauligen Geschmack geben könnten. Diese Bestandteile bleiben in dem Gefäß zurück, das gut ausgespült wird. Man zieht den Wein in ein emailliertes Gefäß oder ein Laubholzgefäß mit einem im Handel üblichen Weinschlauch ab. Für die ganz »Neuen« unter den Kelterfreundinnen und -freunden: Ein Ende in den Ballon, das andere in den Mund! Jetzt saugen, saugen und probieren (des Kelterers liebste Arbeit!). Danach lässt man den Schlauch, ohne den Fluss zu unterbrechen, möglichst tief in das vorbereitete Gefäß gleiten. Bedenken Sie dabei, dass Wasser nicht bergauf fließen kann: Stellen Sie das Gefäß tiefer als den Ballon (Ballon auf den Tisch, Gefäß auf den Stuhl!). Dieser Vorgang wird nach einigen Wochen wiederholt.

Ein Wein gilt erst dann als ausgereift, wenn eine entnommene Probe in einer geöffneten, drei viertel vollen Flasche über mehrere Stunden an einer warmen Stelle (Zimmertemperatur) gelagert wird und anschließend die verkorkte und für drei Tage im Kühlschrank aufbewahrte Flasche keine erneute Bläschenbildung oder gar eine Austreibung des Korkens zeigt.

Wenn dies der Fall ist, wird der Wein ein letztes Mal abgezogen, verkorkt und liegend gelagert.

Leichter Wein sollte wenigstens ein Jahr, schwerer Wein wesentlich länger gelagert werden.

 **Tipp:** Der beim mehrmaligen Abziehen entstandene Schwund muss durch frisches Wasser immer wieder aufgefüllt werden.

## Weinkrankheiten

**Essig** entsteht durch Essigbakterien. Ist die Infektion noch nicht so weit fortgeschritten, kann man den Wein durch leichtes Pasteurisieren retten. Dazu wird der Wein in verschließbare Gefäße (Flaschen oder Gläser) gefüllt, die im Wasserbad etwa zehn Minuten auf etwa 70 °C erhitzt werden. Nach dem Auskühlen kann man durch das Hinzufügen einer neuen Hefekultur (Vorkultur beachten, siehe Seite 23) die Gärung noch einmal anregen und lenken. Die Zugabe von ein wenig Zuckersirup ist ebenfalls zu empfehlen.

**Schleimbildung** entsteht vorwiegend in säurearmen Getränken. Abhilfe schafft eine gute Durchlüftung des Weines (mit dem Schneebesen ordentlich durchschlagen!), gründliches Reinigen des Gefäßes und Zugabe von Zitronensaft (Saft von zwei Zitronen auf fünf Liter). Durch den Zusatz von Weinhefe sollte anschließend die Voraussetzung zu einer flotten Gärung neu geschaffen werden.

*Weinrezepte: Brombeerwein (Seite 64), Hagebuttenwein aus frischen oder getrockneten Früchten (Seiten 83 und 84), Hagebutten-anders-Wein (Seite 85), Himbeerwein (Seite 173), Holunderwein (Seite 100), Löwenzahndessertwein (Seite 116), Pastinakenwein (Seite 131), Schlehenwein (Seite 153)*

# Gelees, Marmeladen und Sirup

Wer weiß nicht, wie toll und unkompliziert sich gerade Beeren zu den herrlichsten Schlemmereien verarbeiten lassen? Mit ihnen ist alles machbar, und ihr kräftiges und so typisches Aroma betört sogar Skeptiker – wenn wir sie erst einmal am Tisch haben. Die wohl ertragreichste Konservierungsmethode für Beeren ist mit Sicherheit das Einkochen oder die Marmeladen- und Geleebereitung (das Einfrieren geht bekanntlich wesentlich schneller, allerdings leidet die Qualität nach dem Auftauen gewaltig).

Eine besonders saubere Verarbeitung ist beim Einkochen der Früchte zu Gelees, Marmeladen oder Sirup unbedingt notwendig! Denn nur mit einwandfreien Früchten ohne Schimmel, faule Stellen und Ungeziefer und mit gut gereinigten Gläsern und Utensilien können die köstlichen Früchte und Pflanzen über Jahre konserviert werden.

Prinzip des Kochens von Gelees und Marmeladen ist es, die Früchte durch den Zusatz von Zucker haltbar zu machen und zu gelieren. Manche Früchte haben einen geringen Pektingehalt, sodass man am Besten noch Geliermittel zugibt, damit die süßen Aufstriche, die Marmelade oder das Gelee auch schön fest werden. Falläpfel (mit Schalen und Kernhaus), Quitten und Preiselbeeren sind Obstsorten mit hohem Pektingehalt, mit denen man beliebig kombinieren kann.

Eine Faustregel besagt, dass Marmelade aus sauren, unreifen und gut gelierenden Früchten schneller steif wird; süße Früchte müssen länger gekocht werden. Man wählt auch gerne nicht ganz reife Früchte und entsaftet sie mit Schale und Kernen, um einen höheren Pektingehalt zu erreichen. Je höher der Pektingehalt ist, desto weniger Zucker wird benötigt. Pektinarme Früchte verarbeitet man mit einem Geliermittel. Das hat auch den Vorteil, dass die Früchte wesentlich schneller gelieren und die Vitamine wegen der kürzeren Kochzeit besser erhalten bleiben.

Um festzustellen, ob die Marmelade oder das Gelee schon die richtige Konsistenz hat, macht man die Gelierprobe. Dazu gibt man einen Tropfen der Masse auf eine Untertasse und prüft die Konsistenz, sobald der Tropfen erkaltet ist.

Sobald die Gelierprobe gelingt, füllt man die Marmelade in Gläser, die eventuell auch vorgewärmt oder auf ein feuchtes Tuch gestellt werden können, damit sie beim Einfüllen der heißen Masse nicht platzen. Bis zum Abkühlen stellt man die geschlossenen Gläser auf den Kopf, damit Luft entweichen kann. Dadurch wird die Haltbarkeit erhöht.

### Zutaten

Die verwendeten **Früchte** müssen gut gereinigt und frei von faulen Stellen, Schimmel oder Ungeziefer sein. Pektinreiche Früchte werden nur mit **Vollrohr-**

**zucker** eingekocht, für pektinärmere verwendet man eine **Gelierhilfe** wie Agar-Agar, Pektin oder auch Ahornsirup. Diese Gelierhilfen sind in Naturkostläden oder in Reformhäusern erhältlich.

## Utensilien

Neben den normalen, in jedem Haushalt vorkommenden Utensilien benötigt man sehr gut gereinigte, möglichst ausgekochte **Gläser** (für Sirup auch Flaschen), die gut verschließbar sind. Gläser mit Twist-off-Deckeln eignen sich gut.

# Gelee

Gelee wird aus dem Saft der Früchte bereitet. Da der Saft weniger Pektin enthält als die ganze Frucht, legt man bei der Auswahl der Früchte für Gelees besonders großen Wert auf einen hohen Pektingehalt.

Vor dem Entsaften werden die Früchte gut gereinigt. Himbeeren werden nur sorgfältig verlesen und vor allem nach Maden untersucht. Sie werden aber möglichst nicht gewaschen, da sie schnell zu wässrig werden und dann vermatschen.

Der Saft kann entweder mit dem Entsafter oder mit der Saftpresse gewonnen werden (siehe auch Kapitel »Gewinnung von Most oder Maische«, Seite 25). Beim Arbeiten mit Vollrohrzucker muss der Saft abgewogen, mit der in den Rezepten angegebenen Vollrohrzuckermenge vermengt und zum Kochen gebracht werden. Das Gelee hat die richtige Konsistenz, wenn ein Tropfen auf einer kalten Untertasse nicht mehr auseinander läuft (Gelierprobe). Während des Einkochens schöpft man den immer wieder entstehenden Schaum ab. Auch dieser ist ein köstlicher Brotaufstrich, der aber bald verzehrt werden sollte, da er schnell eintrocknet.

Die Gelierprobe gelingt wesentlich schneller, wenn man das Gelee mit einem Geliermittel verarbeitet, zum Beispiel Agar-Agar oder Pektin. Die erforderliche Menge richtet sich nach der Herstellerangabe.

# Marmelade

Marmelade wird aus zerkleinerten Früchten und Beeren bereitet.

Die Früchte werden wie für Gelee vorbereitet, aber nicht entsaftet. Sie werden nur zerkleinert und anschließend gleich mit der entsprechenden Menge an Vollrohrzucker eingekocht, eventuell auch mit einem Geliermittel, damit die

Masse schneller geliert. Wenn die Marmelade dick ist (auf einer Untertasse die Konsistenz prüfen), wird sie abgefüllt.

Eine besonders fruchtige und vitaminreiche Marmelade, die aber nicht sehr lange haltbar ist, erhält man ohne Kochen.

### Gekochte Marmelade

Früchte vorbereiten – dabei auf den Reifegrad achten: Unreife und überreife Früchte enthalten weniger Pektin –, zerkleinern, mit Vollrohrzucker vermengen und nach Rezept weiterbehandeln.

### Ungekochte Marmelade

Früchte vorbereiten – unreife Früchte besitzen kaum Zucker und weniger Aromen –, zerkleinern, nach Vorschrift mit Gelierzucker vermengen und mit einem Handrührgerät den entstandenen Fruchtbrei so lange schlagen, bis der Gelierzucker sich vollkommen gelöst und sich ein feiner weißer Schaum abgesetzt hat.

 **Tipp:** Wer auf Gelierzucker verzichten möchte, probiert folgende Methode: Gereinigte und zerkleinerte Früchte mit Vollrohrzucker und Weinstein vermengen und auf einer warmen Herdplatte mindestens eine Stunde stehen lassen, dabei gelegentlich umrühren. Bei Walderdbeeren empfiehlt es sich, die rohe Marmelade 20 Minuten auf 80 °C zu erhitzen, um den Fuchsbandwurm abzutöten.

## Sirup

Für Sirup werden nicht Beeren und Früchte, sondern Blüten und Grünteile verwendet. Er wird durch längeres Kochen mit Vollrohrzucker bei geringer Hitze geliert. Sirup wird nicht so fest wie Marmelade oder Gelee. Er hat die richtige Konsistenz, wenn er zähflüssig ist.

*Rezepte für Gelees: Brombeere (Seite 63), Himbeere (Seite 172), Holunder (Seite 97), Löwenzahnblüten (Seite 114), Löwenzahn mit grünem Pfeffer (Seite 114), Löwenzahn mit Pfefferminze (Seite 115), Pfefferminz-Wildkirschen (Seite 136)*

*Rezepte für Marmeladen: Brombeere (Seite 63), Brombeer-Holunder (Seite 64), Hagebutte (Seiten 81 und 82), Heidelbeere (Seite 89), Himbeere (Seite 171), Holunderbeere (Seite 98), Walderdbeere (Seite 168)*

*Rezepte für Sirup: Frühlingsblüten (Seite 161), Holunderblüten (Seite 94), Kiefernsprossen (Seite 177), Schlehe (Seite 153), Veilchenblüten (Seite 160)*

# Die Pflanzen in Feld und Küche

Um die Pflanzen, die nun der Ernährung dienen sollen, richtig bestimmen zu können, bedarf es einiger Übung. An der Obsttheke im Supermarkt kennen wir uns aus; alles ist frisch und sauber verpackt. Zugreifen, in den Korb legen, zu Hause reinigen und gleich verwenden – ein einfaches Geschäft, das Geschäft mit unserer Nahrung. Im Feld sieht das ganz anders aus. Alles ist grün, nirgends eine Deklarierung, auch Haltbarkeits- und Lagerdaten sind nicht angegeben. Zu allem Unglück kommt noch hinzu, dass man auf den ersten Blick nicht erkennt, ob es auch wirklich frisch und für den Verzehr geeignet ist. Ich habe Menschen getroffen, die Pflanzen suchten und sie nicht sahen, obwohl sie direkt daneben standen. Andere wieder waren enttäuscht, dass die vorgefundenen Pflanzen und Früchte so klein waren oder die begehrten Früchte mit ordinärem Ungeziefer geteilt werden sollten.

Also, wenn Sie von vornherein die großen drallen, glänzenden Früchte des Supermarktes bevorzugen, wenn Sie darauf bedacht sind, möglichst perfekte Nahrungsmittel zu kaufen, dann werden Sie es schwer haben. Die Beeren des Feldes werden nicht gewachst, damit sie glänzen, die Wurzeln nicht gereinigt – es sei denn, Sie tun es selbst – bestrahlt wird auch nichts. Raupen fressen die Blätter, Käfer verbergen sich in Stängeln, Spinnen bauen ihre Netze dazwischen. Und reklamieren geht nicht.

Sie sind auf sich gestellt, Sie müssen entscheiden und die richtige Wahl treffen. Ich habe versucht, Ihnen die Wahl so einfach wie möglich zu machen, indem ich nur die relativ »harmlosen«, nämlich gut identifizier- und verwertbaren Pflanzen aufgeführt habe.

Oft und gern wird bei der Wildpflanzenküche ein »Überlebenstrainingseffekt« hervorgehoben. Damit ist gemeint, dass das Wissen über Wildpflanzen in Notzeiten von Vorteil ist. Kaffeeersatz aus Wurzeln oder Öl aus Bucheckern können natürlich bei Nahrungsmangel durch Naturkatastrophen und Kriege lebenswichtig werden. Aber vollwertig und vor allem auch wirklich wohl schmeckend wird es erst mit »luxuriösen« Zutaten, also mit guten und richtigen Zutaten. Darin unterscheidet sich die Wildpflanzenküche nicht von dem Kochen mit »ganz normalen« Zutaten.

# Hinweise zu den Rezepten

Übrigens ist im gesamten Rezeptteil freigestellt, ob man lieber Honig, braunen oder weißen Zucker zum Süßen verwenden will, ob jemand mit Weizenmehl Typ 405 oder lieber mit einem vollwertigen Vollkornmehl umgeht. Natürlich schmeckt das Naturbelassene mit Naturbelassenem am Besten, aber es »geht« grundsätzlich alles. Deshalb sind in den Rezepten auch meist die **vollwertigen Zutaten** verwendet. Eine Ausnahme bilden die Weinrezepte, bei denen die Verwendung von Honig oder Vollrohrzucker nicht viel Sinn macht, denn der Zucker wird ganz oder zum größten Teil zu Alkohol vergoren.

Es wird vorausgesetzt, dass die **Grundbegriffe des Kochens** und die üblichen Zubereitungstechniken – wie das Herstellen einer Mehlschwitze oder die einzelnen Schritte zur Bereitung eines Hefeteigs – bekannt sind.

Die **angegebenen Mengen** an Wildkräutern und -früchten sind nur **Richtwerte**. Größe und Gewicht der wilden Pflanzen sind an keine Normen angepasst, sodass genaue Angaben kaum möglich sind. Schließlich wird auch kaum jemand mit der Waage spazieren gehen, um die benötigten Mengen auf das Gramm genau sammeln zu können. Ein gutes Maß ist die Angabe »Hand voll«: Dieses Maß hat man immer dabei, und so kann man in der Natur gleich die richtige Menge ernten.

---

## Symbolerklärung

Die Rezepte sind mit Symbolen für die Jahreszeit, in der die verwendeten Pflanzenteile geerntet werden können, gekennzeichnet (siehe auch Sammelkalender auf Seite 186).

*Frühjahr*      *Sommer*      *Herbst*      *Winter*
                                   *(Vorrat getrocknet)*

---

# Bärlauch

## Allium ursinum

*Bärenlauch, Hexenzwiefel, Judenzwiefel, Ramsen,*
*Wilder Knoblauch, Wilder Knofel, Waldknoblauch,*
*Wurmlauch, Zigeunerlauch, Zigeunerzwiefel*

*Ursinum* ist das lateinische Wort für Bär. Vielleicht
fraßen früher die Bären auffällig gern diese Pflanze? Oder Bärenschinken, der in diesen Wildlauch
eingelegt wurde, mundete besser? Wir wissen es
heute nicht mehr.
Heimisch ist der Bärlauch, mehr oder weniger selten, in ganz Europa. Wenn er vorkommt, dann
allerdings gleich massenhaft. In Auwäldern zum
Beispiel gedeiht der Bärlauch unkrauthaft, sodass
man den typischen Knoblauchgeruch schon von
weitem vernimmt.
Die Blätter ähneln denen des Maiglöckchens bzw. der
Herbstzeitlosen – deshalb Vorsicht, damit es nicht zu
Verwechslungen kommt! Ein untrügliches Zeichen ist aber
der intensive Knoblauchduft des Bärlauchs, den die Blätter des Maiglöckchens
natürlich nicht verströmen.
An Inhaltsstoffen können ätherische Öle, ein antibiotisch wirksames Öl, Vitamin C und Flavonoide hervorgehoben werden.
In der Volksmedizin wird und wurde der Bärlauch ähnlich wie Knoblauch verwandt: als Tonikum bei Verdauungsbeschwerden, bei Arteriosklerose und Blut-
hochdruck.
Auch in der Küche kann er wie Knoblauch verwendet werden. Allerdings ist
sein Aroma weniger intensiv.

**Sammelzeit:** Blätter: März bis Juni; Zwiebeln: April bis Juni und August bis
Oktober

**Standorte:** schattige, nährstoffreiche und feuchte Standorte wie Auwälder,
humusreiche Laubwälder, Waldhänge, Gebüsche

**Verwendbare Pflanzenteile:** Blätter, Zwiebeln

# Bärlauchbrotaufstrich

*250 g Quark / eventuell saure oder süße Sahne nach Geschmack /
1 Hand voll Bärlauchblätter / Meersalz*

Zunächst wird der Quark mit der Sahne glatt gerührt, dann werden die Bärlauchblätter gehackt und anschließend alle Zutaten gut vermengt.
Schmeckt fantastisch auf Vollkornbrot!

 **Tipp:** Wer es feiner, besser, anders haben möchte, kann, wie ich, auch Quark oder Frischkäse leicht selbst herstellen.

*Als Anregung eine kleine Episode, die zeigen soll, wie einfach es ist, aus Milch selbst Quark und Frischkäse herzustellen – aber ist es wirklich so einfach?*
*Ich wollte es ganz genau wissen und holte mir bei »meinem« Milchbauern vier Liter gute frische, noch euterwarme Kuhmilch. Diese goss ich durch ein Sieb in eine Schüssel, rührte etwas Buttermilch unter und stellte das Gefäß, das ich mit einem sauberen Geschirrtuch abgedeckt hatte, in die Küche an einen warmen Ort. Quark sollte aus der Milch werden – einfach so.*
*Nach vier Tagen roch meine liebe, gute, frische Milch richtig herzhaft – keineswegs penetrant-sauer, nach zwei weiteren war sie dick. Oben hatte sich eine dicke gelbliche Schicht sauren Rahms abgesetzt. Nachdem ich ein sauberes Baumwollgeschirrtuch in den Durchschlag gelegt hatte, goss, kippte, schwappte ich den Inhalt der Schüssel dort hinein (Dickmilch entwickelt beim Umfüllen, dies hatte ich leider nicht bedacht, ein lebhaftes Eigenleben!). Es spritzte und platschte fürchterlich. Bei Verwendung eines Schöpflöffels wären mir das anschließende Fenster- und Kücheputzen und das erforderlich gewordene teilweise Wechseln der Garderobe mit Sicherheit erspart geblieben. Die Molke tropfte dessen ungeachtet gemächlich.*
*Nach zwei Tagen war der Quark von ihr getrennt und ich glücklich. Quark ist ja so herrlich vielseitig in der Verwendung und genau die richtige Grundlage, die ein vitaminhungriger Mensch braucht, der nicht gerne auf exotische Früchte oder Vitamintabletten zurückgreifen möchte.*
*Mein Quark war köstlich, krümelig, mit einem leichten Hang zum Frischkäse. Ich bestreute ihn mit Kräutern, die man ja im Frühjahr ohne Probleme und in guter Qualität finden kann, und schwelgte in einem kulinarischen Zustand der Glückseligkeit – bis Barbara, meine beste Freundin, bei mir auftauchte und fürchterlich mit mir schimpfte.*

*»Du kannst doch nicht einfach Rohmilch nehmen!«, waren ihre entsetzten Worte, mit denen sie mir die mit einer fein gewiegten Kräutermischung bestreute und mit Quark bestrichene Vollkornbrotschnitte buchstäblich aus den Zähnen riss.*

*»Es gibt Keime, die gesundheitlich bedenklich sind!«, sagte sie belehrend, roch gleichzeitig – sie wollte/musste es wissen, schließlich ist nicht umsonst ihr Vater Biologielehrer an einem Gymnasium – an meinem Quarkbrot, schüttelte ein wenig mit dem Kopf, nachdem sie nach der Schnüffelei auch noch den Blicktest durchgeführt hatte, und meinte schließlich leicht enttäuscht, dass man die Keime sowieso nicht ohne Mikroskop und ohne chemische Analyse sehen und schon gar nicht riechen könne. Ein wenig irritiert legte ich meine »Vitaminbombe« beiseite und griff zum Telefon. Nach einigen Telefonaten war ich aber immer noch nicht schlauer. Ein Mitarbeiter des Lebensmitteluntersuchungsamtes und der Landesgewerbearzt in Wiesbaden hatten mich mit Wortschwällen an Fachausdrücken reichlich irritiert zurückgelassen, aber leider auch nicht über die tatsächliche gesundheitliche Gefährdung durch Rohmilch aufgeklärt. Erst ein netter Tierarzt füllte meine Bildungslücke. Er erklärte: Die Milchqualität hängt im Wesentlichen von der Gesundheit des Euters ab, diese ist abhängig von der Sorgfalt des Bauern. Faktoren wie Stress, unzureichende Futtergaben oder gar minderwertiges, schlechtes Futter wirken ebenso qualitätsmindernd. Daneben müssen die Melkhygiene und die Reinlichkeit der Melkzeuge selbstverständlich sein, wie auch die sofortige Kühlung der Milch aus eben diesem Grund dringend geboten ist. Werden alle Bedingungen eingehalten, ist die Gefahr von gesundheitsschädlichen Keimen sehr gering. Dann gestand er mir, dass er selbst grundsätzlich Rohmilch konsumieren würde und dass gesunden erwachsenen Menschen wenig Gefahr durch den Konsum drohen würde. Ältere und Kleinkinder, wie auch Menschen mit geschwächtem Immunsystem, betonte er, sollten aber im eigenen Interesse darauf verzichten. Natürlich habe ich all das genau so meiner Freundin erzählt, sie zu einem zünftigen Frühstück eingeladen und ihr meinen Quark in den herrlichsten Variationen angeboten.*

## Überbackene Bärlauchnudeln

*3 – 4 Bärlauchzwiebeln mit Blättern / 500 g Nudeln / Meersalz /*
*Olivenöl / 1 – 2 Zwiebeln / 500 g Quark / 2 – 3 Eier / 40 g Butter /*
*frisch gemahlener schwarzer Pfeffer / Knoblauchsrauke*

Man erntet den Bärlauch mit der Zwiebel, trennt die Blätter ab und reinigt alles gut.
Die Nudeln werden in Salzwasser gegart. In der Zwischenzeit bräunt man in einer Pfanne in guter Butter oder in Olivenöl die gehackten Zwiebeln des Bärlauchs und die gehackten Zwiebeln an. Die fertig gekochten Nudeln werden abgeschreckt und der Quark mit den Eiern und etwas Butter verrührt. Etwas Salz, Pfeffer, die fein gewiegten Blätter des Bärlauchs sowie der Knoblauchsrauke, Bärlauchzwiebeln und Zwiebeln werden nun mit dem Quark gemischt und unter die Nudeln gehoben. In einer gefetteten Auflaufform wird das Ganze im vorgeheizten Ofen auf der mittleren Schiene bei 175 °C Ober- und Unterhitze etwa 45 Minuten überbacken und vor dem Servieren mit frischen fein gewiegten Kräutern bestreut.

## Cremesuppe mit Bärlauch

*2 – 3 Bärlauchzwiebeln mit Blättern / 2 Zwiebeln / Butter /*
*evtl. etwas Grünkernschrot / Meersalz / 1 l Gemüsebrühe /*
*etwas süße Sahne / frisch gemahlener schwarzer Pfeffer / Vollkorntoast*

Der Bärlauch wird mit der Zwiebel geerntet, das geht mit einem kleinen Spaten (Campingbedarf) am Einfachsten. Man trennt die Blätter von den Zwiebeln und reinigt alles gut. Nun werden die Zwiebeln zusammen mit der gleichen Menge Zwiebeln kräftig in Butter angebraten (wer mag, kann ein wenig Grünkernschrot mitrösten – das rundet den Geschmack fantastisch ab). Mit leicht gesalzener Gemüsebrühe löscht man nun ab. Nach einer relativ kurzen Kochzeit von etwa zehn Minuten wird die Suppe püriert und man hebt etwas Sahne und die fein gewiegten Blätter des Bärlauchs unter. Ein Hauch Pfeffer aus der Mühle ergänzt die Kreation. Dazu passt Vollkorntoast sehr gut.

# Beifuß

## Artemisia vulgaris

*Besenkraut, Biboz, Bochele, Edelraute, Fliegenkraut,
Flohfänger, Flohkraut, Gänsekraut, Himmelskehr,
Jungfernkraut, Sonnenwendgürtel, Weibergürtel,
Wilder Wermut*

Der in ganz Europa heimische, ausdauernde Wurzelstock treibt alljährlich mannshohe (bis 175 cm) Stängel aus dem Boden, die von unten her verholzen. Die Blätter sind auf den Oberseiten satt dunkelgrün, auf den Unterseiten von feinem weißlich grauem Filz überzogen. Im Spätherbst zeigt sich die Pflanze gern in kupferroten Tönen. Wer sie sucht, wird garantiert auf Ödland, entlang von Bahndämmen oder an Fluss- und Bachufern, an Brücken und dergleichen fündig. Werden die frischen Blätter zwischen den Fingern zerrieben, entwickelt sich ein angenehmes, leicht bitteres, unwahrscheinlich intensives Aroma.

Beifuß enthält unter anderem ätherische Öle, Bitterstoffe, Vitamine und Gerbstoffe.

In der Volksmedizin wird er als Magentonikum verwendet. Er reguliert die Menstruation und wirkt als leichtes Beruhigungsmittel. Sitzbäder und Tees wurden früher, je nach Stärke der Dosierung, dazu verwendet, die ausgebliebene Monatsblutung anzuregen, den Geburtsvorgang voran- und einen abgestorbenen Fötus abzutreiben. Außerdem gehört Beifuß zu den Johanniskräutern und wurde somit als Brautpflanze verstanden.

Beifuß ist ein Würzkraut, die Blätter können als Beigabe zu Salaten, an Suppen und Saucen gegeben werden. Zwiebelgerichten kommt der fein herbe, etwas bittere Geschmack besonders zugute.

**Sammelzeit:** Blätter: April bis Mai (vor der Blüte); Samenrispen: Juni bis Juli (bevor sie sich öffnen)

**Standorte:** trockene, steinige, oft siedlungsnahe Stellen wie Wegränder, Ödland, entlang Bahndämmen oder an Fluss- und Bachufern

**Verwendbare Pflanzenteile:** Blätter, Blütenknospen, Samenrispen

 **Tipp:** Die Blütenrispen bei trockenem Wetter ernten (dabei darauf achten, dass sie noch nicht geöffnet sind) und an einem schattigen Ort für den Wintervorrat trocknen.

*Nach altem Glauben pflückten die Hexen ihre Kräuter zur Sommersonnenwende, und zwar nackt und mitten in der Nacht. Entgegen manch falscher und märchenhafter Vorstellung waren/sind Hexen naturverbundene Frauen, die die Welt als Ganzes sehen, und keineswegs berüchtigte Giftmischerinnen. Auch Bäuerinnen pflückten in den Mitsommertagen ihre Kräuter, die dann ein Johanniskräuterbüschel ergaben. Diese Johanniskräuter haben neben ihrer gesundheitlichen Wirkung auch eine hohe mystische Bedeutung. Braut-Mutterkräuter waren/sind Pflanzen, die eine starke Wirkung auf den weiblichen Organismus ausüben.*

*Eine alte Sage erzählt, dass sich am Johannistage unter einer Beifußstaude geheimnisvolle Kohlen finden lassen, die, um den Hals getragen, Fieber vertreiben sollen. Ferner wurden aus der Pflanze auch Gürtel geflochten, die man um den Leib trug und die zur Sonnenwendfeier nach dem Fest ins Johannisfeuer geworfen wurden, damit die Krankheiten und das Unheil des vergangenen Jahres vernichtet würden. Und da wir schon beim Unheil sind, noch folgende Gebrauchsanweisung gegen Blitzschlag: Wenn Beifuß in der Blüte steht, schneidet man einen Stängel direkt über dem Boden ab und bindet ihn am dritten Tag mit einem Stück Draht an der höchsten Stelle des Firstes fest. Kein Blitz kann jemals in dieses Haus einschlagen – wird berichtet.*

*Seinen Namen soll dieses Kraut übrigens der Tatsache verdanken, dass es, um den Fuß gebunden, den Träger beim Wandern niemals ermüden lässt.*

# Zwiebelkuchen

*300 g Mehl / ¼ Würfel Hefe / etwas Meersalz / etwas Vollrohrzucker /*
*3 – 4 große Zwiebeln / Salbeiblätter / Beifußblätter / Meersalz /*
*frisch gemahlener schwarzer Pfeffer / Olivenöl zum Beträufeln*

Aus Mehl, Hefe, Salz und Vollrohrzucker wird ein Teig bereitet, den man an einem warmen Ort etwa eine Stunde gehen lässt. Der Teig wird auf ein mit Olivenöl bestrichenes Backblech gegeben und zu einem Oval ausgezogen. Hierauf gibt man die in Ringe geschnittenen Zwiebeln, die fein gewiegten Salbei- und Beifußblätter, Salz und Pfeffer nach Geschmack. Zuletzt beträufelt man den Kuchen noch mit reichlich Olivenöl und schiebt ihn in den vorgeheizten Ofen. Der Kuchen wird bei 200 °C Ober- und Unterhitze etwa eine halbe Stunde gebacken und heiß serviert.

# Zwiebelgemüse
# Thüringer Art

*250 g Zwiebeln / 250 g frische Tomaten / Olivenöl zum Anbraten /*
*1 EL Weizenschrot / ½ l Buttermilch / Meersalz /*
*frisch gemahlener schwarzer Pfeffer / Kümmel /*
*Beifußrispen und -blätter / Knoblauch*

Die Zwiebeln werden geschält und in dünne Scheiben geschnitten, die Tomaten mit heißem Wasser überbrüht, enthäutet und ebenfalls in dünne Scheiben geschnitten. Beides gart man in erhitztem guten Olivenöl, bestreut es mit ein wenig feinem Weizenschrot, bräunt es leicht an und löscht mit Buttermilch ab. Die Masse wird nur kurz unter Zugabe von einigen frischen zerkleinerten Beifußrispen und -blättern aufgekocht und mit Salz, Pfeffer und ganzem oder gemahlenem Kümmel abgeschmeckt. Wer mag, ergänzt diese leckere Kreation mit ein oder zwei zerdrückten Knoblauchzehen.

# Zwiebelsuppe
## französisch

*4 – 6 große Zwiebeln / 80 g Butter / getrocknete Beifußrispen /
1 Glas trockener Rotwein / 1½ l Gemüsebrühe / Meersalz /
frisch gemahlener schwarzer Pfeffer / 4 Brotscheiben /
200 g Käse / Petersilie*

Die in Streifen geschnittenen Zwiebeln werden in reichlich Butter unter Zugabe der getrockneten und zerriebenen Samenrispen des Beifußes (nicht so viel nehmen, sonst wird er zu bitter) hellbraun angebraten. Dann wird mit dem Rotwein abgelöscht, schließlich mit Gemüsebrühe aufgefüllt und mit Salz und Pfeffer abgeschmeckt. Nach fünf Minuten Kochzeit verteilt man die Suppe auf die Suppentassen und bedeckt sie mit je einem Stück gerösteten Brotes, auf das reichlich geriebener Käse gestreut wurde. Die Suppe wird bei starker Oberhitze im Backofen überbacken und vor dem Servieren mit gehackter Petersilie bestreut.

# Beinwell

## Symphytum officinale

*Beinwurz, Glotwurzel, Hasenbrot,
Hasenlaub, Himmelsbrot, Honigblum,
Kuchenkraut, Lotwurzel, Milchwurz,
Schärzwurz, Schmalwurz, Schmeerwurz,
Soldatenwurzel, Speckwurz, Waldwurz,
Wallwurz, Schwarze Waldwürze, Wottel,
Zuckerhaferl*

Der Beinwell ist ein Mitglied der Familie
der Ochsenzungengewächse. Streifen Sie
einmal mit geschlossenen Augen mit der
flachen Hand über seine langen ovalen Blätter – genau so, nur etwas kräftiger und rauer,
fühlt sich der Kontakt mit einer Kuhzunge an.
Sie können mir das ruhig glauben – ich habe die
Zungen der Kühe oft genug auf meiner Haut gespürt,
beim Melken beispielsweise kriechen die Biester einem damit unters T-Shirt,
strapazieren den Rücken, die Arme, den Bauch, selbst Kälber sind dieser Manie
verfallen, wollen mit der Zunge Menschenhaare fassen, kauen, fressen und
schieben die Zunge, wenn sie können, quer durchs Gesicht des Opfers ...
Der Beinwell ist eine Uferpflanze, die vorzugsweise an feuchten, lichten Plätzen
gedeiht. Aus der Rosette langer, ovaler bis handtellerbreiter, spitz auslaufender
rauer Blätter steigt ein Spross empor, der bis zu einen Meter Höhe erreichen
kann. An diesem kräftigen, leicht astigen Spross wachsen die Blätter aufwärts
und werden zur Blüte hin (sie krönt den Spross) immer kleiner. Die Blüten des
Beinwells sind gelblich weiß bis violettrosa und glockenförmig. Die Blätter sollten während oder kurz vor der Blüte gesammelt werden.
Im Geschmack ist der Beinwell dem Gurkenkraut, auch Borretsch genannt,
ähnlich.
Nach anthroposophischem Verständnis regt die Pflanze den Ätherleib zu rege-
nerativen Prozessen entsprechend ihrer eigenen vitalen Natur an.
Beinwell ist in der Volksmedizin seit eh und je ein vorzügliches Heilmittel bei
Wunden, Geschwüren, Knochenbrüchen und inneren und äußeren Verletzun-
gen. Auch Rheuma-, Gicht- und Arthrosekranken ist diese Pflanze wärmstens
zu empfehlen. Hierfür werden die frischen Blätter zerdrückt auf die schmerzhaften Gelenke aufgelegt. Oder die Blätter werden zur Mazeration in Öl eingelegt

(mindestens ein halbes Jahr ziehen lassen!), und die verletzten Stellen werden mit dem Öl behandelt. Auch die Wurzeln (im Herbst ernten) verfügen über hohe Heilkräfte. An Inhaltsstoffen sind Schleimstoffe, Gerbstoffe, Kohlenhydrate, Kalium und Alkaloide zu nennen. Wegen der Alkaloide sollten Beinwellblätter nicht in großen Mengen verzehrt werden, es heißt, er wirke dann krebserregend. Dies wird übrigens auch dem Huflattich nachgesagt, selbst die Anwendung der Rhabarberwurzel ist umstritten, da sie erbgutverändernd wirken soll. Zum Thema Giftpflanzen fand ich einen Hinweis der Informationszentrale gegen Vergiftungen der Universität Bonn, der klar macht, dass selbst der Genuss eines unserer Grundnahrungsmittel nicht ganz ungefährlich ist: *Kartoffel: [...] alle Organe sind giftig [...] enthält giftige Alkaloide [...] frische, gut geschälte und gekochte Kartoffeln sind am wenigsten gefährlich.*

**Sammelzeit:** April bis August (während oder kurz vor der Blüte)

**Standorte:** feuchte, lichte Stellen wie Waldränder, Gräben, Bachufer, gelegentlich auf nassen Wiesen

**Verwendbare Pflanzenteile:** Blätter, Blütensprossen

# Beinwellsuppe mit Brennnesselknödeln

### Für die Brennnesselknödel:
6 EL Semmelbrösel / 80 g Butter /
4 Eier / Meersalz / 5 – 6 Hand voll Brennnesselblätter

### Für die Beinwellsuppe:
1 – 2 Hand voll Beinwellblätter / Meersalz /
Kräuteressig nach Geschmack / Muskatnuss /
1 Hand voll frische Beifußblätter oder 1 Stängel getrocknete Blüten /
60 g Butter / 3 EL Dinkelmehl / 3 Eigelb

Für die Brennnesselknödel werden 4 EL Semmelbrösel bei mäßiger Hitze in Butter gebräunt. Dann nimmt man die Pfanne vom Feuer und gibt 2 EL ungebräunte Semmelbrösel hinzu. Man vermengt die Brösel rasch und gibt schließlich die ganzen Eier, etwas Salz und die fein gewiegten Brennnesseln hinzu (vorheriges gründliches Reinigen der Brennnesseln ist selbstverständlich!). Diese Masse knetet man zu einem Teig, aus dem mit einem Löffel kleine walnussgroße Klößchen gestochen werden. Die Klößchen werden in leicht gesalzenem Wasser eine Viertelstunde gar gekocht.

Diese Zeit nutzt man, um die Beinwellsuppe zuzubereiten: Die gewaschenen und abgetropften Blätter des Beinwells werden kurz gegart, zerkleinert und anschließend in den Suppentopf gegeben. Man füllt so viel Wasser auf, wie für die Suppe benötigt wird. Unter Zugabe von Salz, Essig, Muskat und gehacktem Beifuß wird das Ganze eine knappe Viertelstunde geköchelt. In der Zwischenzeit bereitet man aus etwas Butter und fein geschrotetem Dinkelmehl eine helle Mehlschwitze – eine Einbrenne, wie man früher dazu sagte. Die Suppe wird damit angedickt und mit den Eigelb glatt gezogen. Schließlich gibt man die Brennnesselklößchen hinzu.

 **Tipp:** Beim Vorbereiten der Brennnesselblätter sollten Sie Handschuhe tragen, damit Sie sich nicht die Finger verbrennen.

# Beinwell-Brennnessel-Suppe

*4 Hand voll Brennnesselblätter / 4 Hand voll Beinwellblätter /*
*2 – 3 EL Butter / 1 große Zwiebel / 1 l Gemüsebrühe /*
*4 – 5 mittelgroße Kartoffeln /*
*Meersalz / frisch gemahlener schwarzer Pfeffer / 1 Lorbeerblatt /*
*2 Hand voll Knoblauchsrauke / ⅛ l saure Sahne zum Verfeinern*

Brennnesseln und Beinwell werden etwa zu gleichen Teilen gesammelt, gereinigt und in feine Streifen geschnitten. Anschließend dünstet man sie in guter Butter zusammen mit einer gewürfelten Zwiebel an und gießt mit Gemüsebrühe auf. Dann werden gewürfelte Kartoffelstückchen hinzugegeben und weich geköchelt. Die Suppe wird mit Salz, Pfeffer, Lorbeerblatt und Knoblauchsrauke gewürzt und mit saurer Sahne verfeinert.

# Beinwurz in Teig

*150 g feines Dinkel- oder Weizenmehl /*
*⅛ l Milch oder Weißwein /*
*⅛ l Sonnenblumenöl / Meersalz / 2 Eiweiß /*
*2 – 3 Beinwellblätter pro Person / Öl zum Ausbacken*

Aus Mehl, Milch oder Wein, Öl und Salz wird ein lockerer Teig bereitet, unter den man das zu Schnee geschlagene Eiweiß hebt. Dann werden die jungen Beinwellblätter gründlich gereinigt, getrocknet, in dem Ausbackteig beiderseits gewendet und in gutem Öl goldgelb gebacken.

# Wildkrautbraten

*je 1 Hand voll Blätter von Beinwell, Pastinak,*
*Taubnessel, Spitzwegerich, Vogelmiere /*
*2 Hand voll Wurzeln von Pastinak /*
*3 – 4 eingeweichte und ausgedrückte Vollkornbrötchen / 3 Eier /*
*Meersalz nach Geschmack / Schafgarbe / Rainfarn / Dost /*
*Fett zum Backen / ½ l Gemüsebrühe / ⅛ l saure Sahne*

Von den Blättern werden die holzigen Stängel entfernt. Dann dünstet man sie zusammen mit den Pastinakwurzeln etwa 15 Minuten vor. Mit den eingeweichten und wieder ausgedrückten Brötchen (Semmelbrösel gehen auch, schmecken aber nicht so gut) werden sie anschließend fein zerkleinert und mit zwei Eiern, Meersalz, fein gehackten Kräutern wie Schafgarbe, einem jungen Blatt Rainfarn und Dost gewürzt und zu einem Braten geformt. Der Braten wird in heißem Fett goldbraun gebacken und unter Zugabe von ein wenig Gemüsebrühe zugedeckt bei schwacher Hitze eine knappe Stunde gegart. Den Bratensaft verfeinert man mit saurer Sahne und dickt mit einem geschlagenen Ei an.

 **Tipp:** Rainfarn ist eine kräftige Pflanze mit tiefgrünen, farnähnlichen Blättern und wunderschönen goldgelben, knopfförmigen Blütenköpfen (Juli bis September), die in Dolden angeordnet sind. Sie wächst an Wegrändern, Bahndämmen und auf Brachflächen. Ihr Geschmack ist aromatisch und leicht bitter.
Spitzwegerich bildet eine Blattrosette und wird nicht sehr groß. Die Blätter sind lanzettartig geformt. Er wächst auf Wegen und Brachflächen. Die Blätter sollten vor der Blüte gesammelt werden (Mai bis Oktober).

# Brennnessel

## Urtica dioica

*Donnernessel, Große Nessel, Hanfnessel,*
*Nettel, Sauernessel, Senznessel, Senznettel*

Die Brennnessel – wer kennt sie nicht? Sogar nachts, wenn man die Hand nicht vor den Augen sieht, kann man sie sicher am Griff bestimmen, da sie beißt, brennt oder sticht. Unter den Pflanzen gilt sie als Kosmopolit, da sie fast auf der ganzen Welt zu Hause ist. Sie fehlt nur im tropisch afrikanischen, im südafrikanischen, im indischen und im antarktischen Vegetationsbereich.

Schon sehr früh im neuen Jahr (in geschützten Lagen bereits ab Februar) treibt diese Pflanze ihre starken dunkelgrünen Blätter aus dem noch wenig erwärmten Boden und läutet die Saison der Üppigkeit ein. Beheimatet ist sie in ganz Europa vornehmlich in der Nähe menschlicher Wohnsiedlungen. Als ob sie eine Symbiose mit den Menschen eingegangen wäre.

Keine Wildpflanze ist so vielfältig zu verwenden wie sie. An Inhaltsstoffen sind besonders herausragend: ein relativ hoher Chlorophyllgehalt (in getrocknetem Kraut bis zu ein Prozent), Kieselsäure und Vitamin C. Auch viele andere Mineralstoffe sind in der Brennnessel enthalten, so zum Beispiel Eisen, Magnesium, Natrium, Calcium, Phosphor und Kalium. In den Brennhaaren befinden sich Acetylcholin und Histamin (dieses ist allergieauslösend; für Allergiker ist daher Vorsicht geboten!). Organische Säuren sind für den schmerzhaften Effekt bei Berührung verantwortlich.

In der Volksheilkunde wird und wurde die Brennnessel innerlich als Diuretikum (harntreibendes Mittel) und als mildes Mittel gegen Durchfall verwendet. Sie ist Milch treibend, wirkt blutreinigend, adstringierend (zusammenziehend), Blut bildend, macht frisch, hilft bei Erschöpfungs- und Ermüdungszuständen und stärkt auch das Immunsystem gegenüber Erkältungskrankheiten. Der Brennnesselabsud wird äußerlich bei Durchblutungsstörungen und Ekzemen und als Haarwasser gegen Schuppen angewandt. Die in Wein und Honig gekochte Wurzel soll die Luftgänge der Lunge reinigen und »weit machen« um die Brust. Brennnesselsamen in süßem Wein angesetzt und/oder mit Zwiebel und Ei gegessen, sollen ebenfalls die Brust weiten und bei so MANNchem Leiden Wunder wirken, sprich die nachlassende Potenz wieder auf Vordermann bringen.

Nach altem Glauben ist die Brennnessel eine Zauberpflanze. So ging man früher bei Fiebererkrankungen morgens oder abends an drei aufeinanderfolgenden Tagen, wenn die Sonne noch nicht oder nicht mehr am Himmel stand, zu einer Brennnessel und sprach sie beschwörend und (unbedingt!) personifiziert an und ersuchte sie um Hilfe. Ferner soll sie der Sitz eines dämonischen Wesens sein. Dort wo viele Brennnesseln wachsen, soll es nicht mit rechten Dingen zugehen. In den Brennnesselbüschen sollen unsichtbare Gnome hausen.

*Als Kind habe ich diese Gnome einmal nicht unbedingt persönlich erblicken, so aber doch anderweitig erfahren können. In unmittelbarer Nähe meines Elternhauses befindet sich das Bett der Breitsülze, jenes legendären Baches, der der Sage nach bergauf fließt.*

*Die Geschichte weiß zu berichten, dass ein Mönch aus dem Kloster Reifenstein, der 1292 in den Rabenturm eingesetzt und wegen Brandstiftung zum Tode verurteilt wurde, dies bewirkt haben soll und sein weltliches Leben mit diesem Wunder retten konnte. Er hatte aber, da der Teufel höchstpersönlich seine Hände mit im Spiel hatte, seine Seele verwirkt; es heißt, der Mönch hätte mit einem Ochsengespann den Bachlauf vorgepflügt.*

*Heute ist der außergewöhnliche Bachlauf längst unterbrochen und aus dem sagenumwobenen Bach ist ein schmutziger, müllbeladener Wasserlauf geworden; die Zeugnisse der Vergangenheit, wie der mit großen Quadersteinen befestigte Wasserlauf in der Oberstadt, sind verschwunden. Leider, wie ich meine, da manche Stellen des verschlungenen Wasserlaufes märchenhaft bezaubernd waren.*

*Als Kinder trafen wir uns regelmäßig zum Spielen dort. Zu dieser Zeit also trug es sich zu, dass ein zugezogener Junge Mitspielrecht begehrte. Natürlich ging dies auch damals nicht ohne eine törichte Mutprobe. Sie bestand darin, sich auf die unterste Stufe einer Treppe zu knien (vor noch gar nicht mal allzu langer Zeit holten die direkten Nachbarn des Baches an dieser Stelle ihr Trink- und Brauchwasser eimerweise aus dem Bach) und den Kopf tief ins kalte Wasser zu stecken. Der besagte Junge tat, wie ihm geheißen, verlor das Gleichgewicht und fiel ins kalte Wasser. Natürlich konnte keiner von uns Kindern schwimmen und das rettende Ufer war von Brennnesseln gesäumt, durch die der arme Kerl sich schließlich quälen musste. Gewiss hat er die bösen Unholde in den Brennnesseln zu spüren bekommen, und ich kann mir gut vorstellen, dass er sie auch gesehen hat.*

Wenn ich jetzt aus vergangenen Tagen berichte, muss noch erwähnt werden, dass die Brennnessel zu der Zeit noch eine andere Bedeutung hatte: Sie wurde gemäht und getrocknet, da sie ein vorzügliches und äußerst gesundes Heu abgab, welches die Tiere ausgesprochen gern fraßen.

Wahrscheinlich ist die Brennnessel nur in Ungnade gefallen, weil wir die Selbstverständlichkeit im Umgang mit Unkräutern verloren haben, die gerade in den nahrungsmittelarmen Kriegs- und Nachkriegsjahren den Speisezettel bereicherten und erst durch die Konjunktur zu einem Arme-Leute-Essen verkamen. Zum Glück hatte meine Großmama keine Probleme mit der Brennnessel, sodass ich diese Pflanze schon von Kindesbeinen an auf meinem Teller fand, wofür ich ihr ewig dankbar sein werde.

Um auch anderen Menschen – gerade den jüngeren – die Möglichkeit zu bieten, dieses »brennende Unkraut« mit anderen Augen zu sehen, möchte ich einen Liebeszauber verraten: Wer von brennender Liebe gepackt ist, gehe an einem Freitagmorgen bei Sonnenaufgang zu einer Brennnessel und sehe sie im Namen der Person an, der die Liebe gilt. Dann muss die Brennnessel mit Salz besprengt werden. Am Abend des selben Tages, bei Sonnenuntergang, muss die Brennnessel samt der Wurzel ausgegraben werden. Vorsicht, sollte es sich bei der Brennnessel um einen ganzen Horst handeln und ausgerechnet in dessen Schutz auch noch ein relativ großer Stein liegen, könnte es sich um den sagenumwobenen Eingang der Pcuvushe handeln, jener kleiner Erdmenschen, die nach altem Zigeunerglauben unter der Erde leben! Die Brennnesseln müssen dann in die Glut eines offenen Feuers gelegt werden. Natürlich muss auch an dieser Stelle ein finster und dämonisch klingender Zauberspruch aufgesagt werden. Ich weiß nicht, ob der Zauber tatsächlich wirkt – als ich das »Rezept« bekam, lebte ich schon in einer guten Beziehung.

 **Tipp:** Brennnesseln waschen, trockenschleudern und mit einem scharfen Messer oder Wiegemesser auf einem Holzbrett zerkleinern.

**Sammelzeit:** Blätter: Februar (ganze Pflanze) bis Mai (dann nur noch Triebe und Spitzen); Samenrispen: September, Oktober; Wurzeln: April bis Mai, August, September

**Standorte:** sehr verbreitet an Wegen, Grabenrändern, Ufern, Auenwäldern, Ödland

**Verwendbare Pflanzenteile:** Blätter, Wurzeln, Samenrispen

# Brennnesselpudding

*etwa 500 g (7 – 8 Hand voll) Brennnesseln / 100 g Butter / Meersalz /*
*frisch gemahlener schwarzer Pfeffer / 4 Eier / 1 Zwiebel /*
*2 Tassen Semmelbrösel*

Die Brennnesseln überbrüht man nach dem Waschen mit kochendem Wasser und lässt sie zugedeckt eine Stunde stehen. Anschließend lässt man die Brennnesseln in einem Durchschlag abtropfen und zerkleinert sie.
Die Butter wird mit Meersalz, Pfeffer, Eigelb, der fein gehackten Zwiebel und den Semmelbröseln schaumig gerührt. Dann gibt man die Brennnesselmasse hinzu, und schließlich hebt man den steif geschlagenen Eischnee vorsichtig unter. Der Brennnesselpudding wird in einer gebutterten Form eine Stunde lang im Wasserbad gekocht.

 **Tipp:** Eiweiß lässt sich mit einer Prise Salz leichter schlagen. Auch wenn einige Tröpfchen Eigelb in das Eiweiß geraten sein sollte, lässt es sich noch immer gut schlagen.

# Brennnesselauflauf

*1 kg Brennnesselblätter / 250 g Weißbrot / ½ l Milch /*
*3 EL Butter / Meersalz / frisch gemahlener schwarzer Pfeffer /*
*1 Hand voll Knoblauchsrauke /*
*4 Eier / 2 EL Vollkornmehl / Zitronensaft / Beifuß / 1 Lorbeerblatt /*
*400 g Kartoffeln / Öl*

Die Brennnesselblätter werden sauber verlesen, gewaschen, mit kochendem Wasser überbrüht und fein gehackt. Das Stückchen Weißbrot wird in Milch eingeweicht, ausgedrückt und mit dem vorbereiteten Brennnesselspinat vermengt. Anschließend dünstet man die Masse in 1 EL guter Butter. Nach dem Auskühlen wird Meersalz, Pfeffer, die fein gehackten Blätter der Knoblauchsrauke und das Eigelb hinzugegeben. Alles wird miteinander vermengt und anschließend vorsichtig das steif geschlagene Eiweiß untergehoben. Dann gibt man die Masse in eine gebutterte Form und gart sie im kochenden Wasserbad eine gute Stunde.

Als Sauce bereitet man eine helle Mehlschwitze aus 2 EL Butter und Vollkornmehl (das Getreide – wobei bei diesem Auflauf die Zunge diktieren sollte, welches man verwendet – sollte stets nur kurz vor der Zubereitung geschrotet werden!), würzt sie mit Zitronensaft, Beifuß und Lorbeerblatt und gibt sie über den gestürzten Auflauf.

Die Kartoffeln werden gut gebürstet, aber nicht geschält gebacken. Es empfiehlt sich, einige Tropfen Öl auf dem Backblech zu verteilen. Wer die Kartoffeln nicht so kross haben möchte, kann sie auch etwas mit Öl beträufeln. Durch Einschneiden der Schalen, Bestreuen mit Kümmel etc. sind Variationen möglich. Die knusprig braun gebackenen Kartoffeln garniert man um den Rand des Auflaufs.

> **Apropos Kartoffeln:** *Dass Kartoffel nicht gleich Kartoffel ist, ist kein Geheimnis. Wer aber den vollendeten Genuss und ein garantiert »gutes Mahl« haben will, sollte gezielt alte Sorten zum Backen in der Schale verwenden. Und wenn wir schon bei alten Sorten sind, sollten wir ruhig die Schmähungen des Botanikers Raoul Combes erwähnen, der sie zum abscheulichsten Gemüse seiner Zeit degradierte. Selbst der Philosoph Friedrich Nietzsche vertrat die Ansicht, dass übermäßiger Konsum von Reis zur Opiumsucht und übermäßiger Kartoffelverzehr zwangsweise zum Alkoholismus führen werde ...*
>
> *Alte Kartoffelsorten überzeugten noch jede und jeden. Ihre raffinierte und überraschend breite Vielfalt des Geschmacks sprechen für ihre Einmaligkeit.*
>
> *Ob fest kochend oder mehlig, innen oder außen rot, weiß, blau oder gelb, hörnchenförmig oder überdimensional groß: Alte Sorten gibt es heute gottlob wieder häufiger. Es lohnt sich, danach Ausschau zu halten!*

## Brennnessel-Rahmspinat

*8 – 10 Hand voll Brennnesselspitzen,*
*evtl. gemischt mit Taubnesselspitzen /*
*Meersalz / frisch gemahlener weißer Pfeffer / Muskatnuss /*
*1 Knoblauchzehe / ⅛ l süße Sahne /*
*1 EL feines Weizenschrot*

Die jungen zarten Spitzen der Brennnessel (sie können auch mit Taubnesseln vermischt werden) werden verlesen, gereinigt, in etwas Wasser gedünstet und im Garwasser püriert. Man würzt diesen Spinat mit Meersalz, Pfeffer, Muskatnuss und Knoblauch. Kurz vor dem Auftragen verfeinert man mit süßer Sahne, die mit etwas feinem Weizenschrot verrührt wurde.

 **Serviertipp:** Brennnesselspinat im Hirsering, dazu Brennnesselbratlinge (siehe Seite 57)!

# Brennnesselklöße mit Senfsauce

### Für die Brennnesselklöße:
*1 kg junge Brennnesselblätter / Butter zum Dünsten / 100 g Butter /*
*3 Eier / 2 Brötchen / 2 EL feines Mehl / Meersalz / 1 Lorbeerblatt /*
*hart gekochte Eier zum Garnieren*

### Für die Senfsauce:
*2 EL Butter / 2 EL Dinkelmehl / Wasser zum Ablöschen /*
*1 EL Senf / 1 EL Meerrettich / etwas Honig / Meersalz /*
*evtl. etwas süße Sahne*

Die jungen Brennnesselblätter werden roh gehackt (dazu Handschuhe anziehen!) und in etwas Butter leicht gedünstet. Dann schlägt man etwas Butter schaumig und gibt nach und nach die Eier hinzu. Die vorbereiteten Brennnesselblätter, die gewürfelten und in Butter knusprig braun gebratenen Brötchen und das Mehl gibt man ebenfalls in diese Masse und würzt mit etwas Meersalz. Aus dieser Masse werden nach dem Vermengen Klöße geformt, die in gesalzenem und mit einem Lorbeerblatt gewürztem Wasser etwa zehn Minuten gekocht werden.

Aus einer hellen Mehlschwitze bereitet man eine Senfsauce, die man über die Klöße gibt: Die Butter erhitzen, das Mehl einstreuen und mit Wasser ablöschen, sodass eine Sauce entsteht. Diese mit Senf, Meerrettich, etwas Honig und Salz abschmecken und eventuell mit süßer Sahne verfeinern.

Übrigens schmeckt eine solche Sauce am besten, wenn sie auch mit etwas Honig abgeschmeckt und kurz vor dem Auftragen frischer Meerrettich hinzugefügt wurde.

Die Klöße können mit geviertelten, hart gekochten Eiern garniert werden.

 **Tipp:** Eine vorzügliche Beilage zu Brennnesselgerichten und Salaten oder Bratlingen: Dinkel und/oder Weizenkörner werden über Nacht eingeweicht, anschließend in einem Topf bei mittlerer Hitze langsam quellen und köcheln gelassen und mit Butter, Meersalz, Zwiebelwürfeln und Knoblauch verfeinert.

# Brennnesselomeletten

Am besten eignet sich dieser Brennnesselspinat zum Füllen von Omeletten. Er ist eine besondere Delikatesse an tristen Februartagen, wenn der Körper nach frischem Grün verlangt.

### Für die Füllung:
8 – 10 Hand voll junge Brennnesselblätter / Meersalz /
frisch gemahlener schwarzer Pfeffer / 1 Lorbeerblatt /
⅛ l saure Sahne / 1 EL feines Weizenschrot

### Für die Omeletten:
8 Eier / 1 Prise Meersalz / 16 TL Hirseflocken / 12 TL Wasser /
Butter zum Braten

Die jungen Blätter der Brennnessel werden gereinigt, gedünstet und klein geschnitten. Man würzt mit Meersalz, Pfeffer und Lorbeerblatt und dickt mit saurer Sahne ein, die mit etwas feinem Weizenschrot verrührt wurde.
Für die Omeletten rührt man Eigelb und Salz zusammen schaumig, fügt dann nach und nach Hirseflocken und Wasser hinzu und hebt zum Schluss das zu Schnee geschlagene Eiweiß unter. In der heißen, schäumenden Butter werden die Omeletten nur jeweils von einer Seite gebacken, mit dem Brennnesselspinat gefüllt und zusammengeklappt serviert.

# Brennnesselbratlinge

½ l Wasser / 125 g Maisgrieß /
Meersalz / frisch gemahlener schwarzer Pfeffer /
2 gepresste Knoblauchzehen / 5 Hand voll Brennnesselblätter /
3 Eier / evtl. etwas Dost / Öl zum Braten

Das Wasser wird zum Kochen gebracht, der Grieß mit einem Schneebesen eingerührt, kurz aufgekocht, von der Feuerstelle genommen und mit Salz, Pfeffer und Knoblauch gewürzt. Die Brennnesseln reinigen, mit dem Wiegemesser zerkleinern und zur Masse geben. Wenn die Masse etwas abgekühlt ist, hebt man die Eier unter und würzt mit etwas Dost nach Geschmack. Schließlich wird die Masse auf einem mit kaltem Wasser benetzten Backblech ausgestrichen (etwa 1 cm stark), in appetitliche Stücke (zum Beispiel Rhomben) zerteilt und in gutem Öl beidseitig knusprig braun gebraten.

# Warmer Käsepudding
## mit Brennnesselsauce

*50 g Butter / 250 g milder Käse / 125 g Parmesan /*
*60 g Mehl / 4 Eier / Semmelbrösel /*
*8 Hand voll junge Brennnesselblätter /*
*Butter und Mehl für eine helle Mehlschwitze / ⅛ l saure Sahne /*
*Meersalz / frisch gemahlener weißer Pfeffer / Schnittlauch*

Butter, geriebenen Käse und Mehl verrührt man in einem Topf bei gelinder Wärme zu einem glatten Teig, bis sich die Masse vom Topfboden löst. Nach dem Erkalten wird das Eigelb und danach das steif geschlagene Eiweiß darunter gehoben. Der Pudding wird in einer gebutterten und mit Semmelbröseln ausgestreuten Form eine Stunde im Wasserbad gekocht und dann gestürzt.

Für die Sauce dünstet man die jungen Brennnesselblätter weich, rührt sie mit einer hellen Mehlschwitze sämig und verfeinert mit saurer Sahne. Gewürzt wird mit Salz, Pfeffer und fein gewiegtem Schnittlauch.

# Giersch-Brennnessel-Suppe

*4 Hand voll junge Brennnesselblätter /*
*4 Hand voll junge Gierschblätter ohne Stängel /*
*1 Zwiebel / 4 – 5 Kartoffeln / 1 EL Butter /*
*1 l Gemüsebrühe / 1 Hand voll eingeweichter Grünkern /*
*Meersalz / frisch gemahlener schwarzer Pfeffer /*
*2 Eier / 1 EL Weizenvollkornmehl / 1 Prise Muskatnuss*

Die Brennnessel- und Gierschblätter werden gründlich gewaschen und abgetropft, die Zwiebel und die Kartoffeln werden geschält und fein gewürfelt. Die
Butter lässt man in einem Topf zerlaufen und bräunt die fein gehackte Zwiebel
darin an. Vorsicht, dass die Zwiebeln nicht verbrennen, sonst wird die Suppe
bitter! Abgelöscht werden die Zwiebeln mit der Gemüsebrühe. Dann werden
die geschälten und gewürfelten Kartoffeln, der eingweichte und abgetropfte
Grünkern, die in zarte Streifen zerteilten Brennnesselblätter und drei Hand voll
der Gierschblätter, ebenfalls in zarte Streifen zerteilt, dazugegeben. Die restlichen Gierschblätter verwenden wir zum Schluss.
Gewürzt wird mit Meersalz nach Geschmack und mit Pfeffer. Die Suppe lässt
man dann bei mäßiger Wärmezufuhr etwa eine halbe Stunde köcheln. In der
Zwischenzeit werden die Eier in eine Schüssel geschlagen, das Mehl dazugegeben, mit einer Prise Muskatnuss gewürzt und mit dem Schneebesen kräftig
geschlagen, bis eine glatte, fließende Masse entstanden ist.
Die restlichen Gierschblätter werden fein gewiegt. Sind die Kartoffeln gar, wird
die Suppe gestampft, kurz aufgekocht und die Ei-Mehl-Masse langsam hinein
gegossen. Garniert wird die Suppe mit den frischen Girschblättern.

# Brombeere

*Rubus fruticosus*

*Brambeere, Bramel, Braunbeere,*
*Brombesing, Bromedorn, Brämel,*
*Bromelbeere, Brumenbeere, Frombeere,*
*Hirschbollen, Kratzbeere, Kratzelbeere,*
*Moren, Nurr, Rahmbeere*

An Waldrändern, auf lichten Waldwiesen, kultiviert und gezähmt in Gärten: Brombeeren gibt es in mehr als hundert verschiedenen Arten. Die unterschiedlichen Größen der einzelnen Früchte sind aber nicht nur von den einzelnen Arten abhängig, sondern stehen auch in direktem Zusammenhang mit dem Standort. Nach der Blütezeit, die etwa im Juni beginnt und bis in die ersten Wochen des Septembers andauern kann, bilden sich anfänglich kleine, grüne, harte, ungenießbare Früchte, die später erröten, bis sie schließlich drall und rund und schwarz glänzend in der Glut der Augustsonne erstrahlen.

Die Brombeere stellt eine eigenwillige Form einer »Beere« dar. Botanisch gesehen ist sie nämlich eine Sammelsteinfrucht: Jede ihrer kleinen Einzelbeeren ist im Aufbau einer Steinfrucht (zum Beispiel Kirsche) gleich.

Nennenswerte Inhaltsstoffe der Beere sind Vitamin C, Pektin, Gerbstoffe, Zucker und verschiedene organische Säuren. In den Blättern sind ebenfalls Pektin und Vitamin C enthalten, außerdem auch ätherische Öle.

Für einen guten Tee werden die jungen Blätter der Brombeere vor oder während der Blüte geerntet. Getrocknet und danach aufgebrüht ergeben sie ein gutes »Waschwasser« gegen Hautausschläge; ein Tee aus fermentierten Blättern ersetzt zweifelsfrei einen guten chinesischen Tee (Hinweise zur Fermentation der Blätter im Kapitel »Teekräuterbereitung«, Seite 20). Ein solcher Tee ist übrigens für Allergiker besonders gut verträglich.

**Sammelzeit:** Blätter: März bis Mai; Beeren: Juli bis Oktober

**Standorte:** in Wäldern, Hecken, Gebüschen, auch auf Industriebrachflächen

**Verwendbare Pflanzenteile:** Blätter, Beeren

**// Tipp:** Wer den Brombeeren zu Leibe rücken will, sollte der spitzen Stacheln wegen auf festes Schuhwerk und lange Hosen bedacht sein.

# Brombeerdessert

*400 g Brombeeren / 2 – 3 EL Honig oder Vollrohrzucker /*
*½ l süße Sahne / 2 EL Vollrohrzucker /*
*abgeriebene Schale einer halben unbehandelten Zitrone / ½ Vanilleschote*

Die Beeren werden gewaschen, verlesen und abgetropft. Anschließend püriert man sie unter Zugabe von Honig oder Vollrohrzucker und füllt sie in dekorative Dessertgläser. Die Sahne schlägt man steif, hebt Vollrohrzucker, Zitronenschale und das Mark der Vanilleschote unter und verteilt sie über die Brombeermasse. Das Dessert wird gut gekühlt serviert.

# Brombeeromelette
# Kindertraum

*Zutatenmengen für ein Backblech,*
*für eine Springform nur die Hälfte nehmen*

*Die Brombeeromelette ist eigentlich eher eine Nachspeise, wird aber nicht nur von Kindern gern auch als Hauptgericht gegessen.*

*6 Eier / etwa 100 g Vollrohrzucker / etwa 100 g feines Weizenschrot /*
*Fett und Semmelbrösel für die Form / 100 – 200 g Brombeeren /*
*¹/₁₆ l süße Sahne / 3 EL Honig*

Das Eigelb wird mit dem Vollrohrzucker schaumig gerührt, das Eiweiß zu steifem Schnee geschlagen. Dann gibt man den Eischnee über die schaumig gerührte Eigelbmasse und streut darüber das Weizenschrot. Mit einem Schneebesen verrührt man alles vorsichtig und füllt die Masse in eine gefettete und mit Semmelbröseln ausgestäubte Backform oder streicht sie auf das Backblech. Im vorgeheizten Ofen wird die Omelette bei 150 °C (Springform) oder 175 °C (Backblech) Ober- und Unterhitze etwa 20 Minuten gebacken (Garprobe machen: Die Nadel muss nach dem Herausziehen trocken sein!). Währenddessen püriert man die Brombeeren und rührt sie mit Sahne und Honig glatt. Nach dem Backen bestreicht man die Omelette noch heiß mit der vorbereiteten Brombeermasse, klappt sie zusammen und lässt sie auf eine vorgewärmte Platte gleiten. Sie wird heiß serviert!

 **Tipp:** Cognac-Brombeer-Omelette: statt Sahne Cognac verwenden.

## Brombeergelee

*800 g – 1 kg Brombeeren,
evtl. gemischt mit einigen Holunderbeeren (für etwa ½ l Saft) /
450 g Vollrohrzucker*

Die Brombeeren werden am besten zusammen mit einigen Holunderbeeren entsaftet. Unter ständigem Rühren wird der Saft zusammen mit dem Vollrohrzucker langsam erhitzt. Man lässt ihn so lange köcheln, bis die Gelierprobe gelingt. Dann gibt man das noch flüssige Gelee in saubere Gläser, die man fest verschließt.

 **Tipp:** Durch das Hinzufügen eines kleinen Stücks frischen Ingwers (vor dem Abfüllen wieder herausnehmen) bekommt das Gelee einen Hauch Exotik.

## Brombeermarmelade aus roh gerührten Früchten

*500 g Brombeeren / 500 g Gelierzucker
oder 400 g Vollrohrzucker mit Saft einer halben Zitrone
und 2 gehäuften TL Pektin*

Die Beeren sollten frisch gepflückt und ohne schadhafte Stellen sein, Blätter und Stängel müssen entfernt werden (sauber verlesen!).
Die Beeren werden mit einer Gabel zerdrückt (bei größeren Mengen tut es auch die saubere Hand) und die entsprechende Menge Gelierzucker oder Vollrohrzucker mit Zitronensaft und Pektin hinzugefügt. Mit einem Handrührgerät wird die Masse so lange geschlagen, bis sich der Zucker vollkommen gelöst und sich auf dem Fruchtbrei ein feiner weißer Schaum abgesetzt hat. Nun füllt man die Marmelade in sehr gut gesäuberte Gläser. Im Kühlschrank ist sie etwa ein halbes Jahr haltbar.

 **Tipp:** Den Zucker erst mit dem Pektin vermengen und dann den Früchten zusetzen.

# Brombeer-Holunder-Marmelade

*500 g Brombeeren / 500 g Holunderbeeren /*
*1 kg Vollrohrzucker /*
*Geliermittel Pektin oder Agar-Agar (Menge nach Herstellerangabe)*

Die Früchte werden gewaschen und sauber verlesen, die Holunderbeeren von den Dolden gestreift. Brombeeren und Holunderbeeren zerdrückt man anschließend in einem Topf mit einer Gabel und lässt sie mit der entsprechenden Menge Vollrohrzucker vermengt über Nacht stehen. Die Masse wird nach dem Aufkochen am nächsten Tag heiß in saubere Gläser gefüllt und auf den »Kopf« gestellt, um die Luft entweichen zu lassen.

So lange man kein Agar-Agar als Gelierhilfe verwendet, kann man die Gläser auch im noch warmen Zustand wieder wenden oder noch umgedreht Platz schaffend beiseite stellen. Ansonsten gilt: Finger weg vom Eingemachten, so lange es noch nicht vollständig erkaltet ist!

# Brombeerwein

*ergibt 5 l*

### Leichter Frühstückswein:
*3,5 l Brombeersaft (aus 5 – 6 kg Früchten) / 1 kg Zucker /*
*800 g Wasser / Weinhefe*

### Dessertwein:
*3 l Brombeersaft (aus 4 – 5 kg Früchten) / 1,7 kg Zucker /*
*1 l Wasser / Weinhefe*

Die Brombeeren werden nach Möglichkeit entsaftet (oder eingemaischt) und der gewonnene Saft in den Ballon gefüllt. Weinhefe und Zucker gibt man je nach gewünschtem Weincharakter hinzu und verschließt das Gärgefäß vorerst mit einem Wattebausch. Zur weiteren Vorgehensweise siehe Kapitel »Hausweinbereitung« ab Seite 23.

# *Brombeerlikör*

*ergibt 1 l*

*300 g reife Brombeeren /*
*mindestens 100 g Vollrohrzucker (nach Geschmack) /*
*ein Stück Zimtstange / 0,7 l Wodka*

Die Brombeeren werden sauber verlesen und gewaschen. Der Vollrohrzucker wird mit ein wenig Wasser so lange gekocht, bis er klar ist. Man füllt die Zutaten anschließend in eine passende saubere Flasche. Die Flasche verschließt man und lässt sie für mindestens sechs Wochen an einem warmen Ort ruhen. Dann wird der Likör in dekorative kleinere Gefäße abgeseiht (durch Kaffeefilter).

# Dost

## Origanum vulgare

*Badkraut, Brauner Dost, Dosten,
Grober Chölm, Grober Chostez, Koschtets,
Kostenz, Lungenkraut, Orantkraut, Wilder
Majoran, Wilder Masero, Wohlgemut*

»Ein blümlein auf der weiden,
mit namen wolgemut,
lass uns der lieb gott wachsen,
ist uns für trauren gut«
*altes Volkslied*

Dost soll das Kraut sein, das Kummer verschwinden lässt, erloschenen Lebensmut wieder aufrichtet und den Menschen fröhlich macht.
Früher wurde den tagtäglich schwer arbeitenden
Menschen aus der ländlichen Bevölkerung Dost unter das Essen gemischt, um
sie bei Laune zu halten. Fröhliche Menschen arbeiten erwiesenermaßen zügi-
ger, bereitwilliger und schneller.
Dost bildet recht häufig an Wegrändern und auf Wiesen und Brachflächen bis
zu einen halben Meter hohe Stauden, die ab Juli in Blüte gehen. Die Blätter
variieren häufig in Größe und Farbe. Sie sind eiförmig, gestielt und ein wenig
weichhaarig; sie fühlen sich auch zart und weich an. Nur der drahtige Stängel
ist bei allen Pflanzen gleich. Die ganze Pflanze riecht stark aromatisch nach
Majoran, die violetten oder rosa Blüten riechen besonders intensiv und eignen
sich auch für aparte Trockengestecke oder -sträuße.
Nach altem Glauben widersteht Dost dem Teufel und soll, vors Haus gepflanzt,
gegen Verzauberungen hilfreich sein.
Dost schmeckt harmonisch zu Reisgerichten, rundet Kräutersaucen ab und
ergibt in Hefeteig gebacken ein leckeres Fladenbrot.
Soll Dost als Gewürz Verwendung finden, werden die nicht blühenden Zweige
geerntet, die im Schatten getrocknet werden. Anschließend werden die Blätter
von den Stängeln gerebelt. In luftdichten Behältern sind sie gut lagerbar. Für Tee
wird das blühende Kraut gesammelt, luftig im Schatten getrocknet, zerkleinert
und in lichtundurchlässigen fest verschließbaren Behältern gelagert.

Als besonderen Inhaltsstoff besitzt der Dost ein ätherisches Öl, das Thymol, das seinen intensiven Geschmack und Duft bewirkt. In der Volksmedizin wird Tee aus Dost bei Bronchialkatarrh (fördert den Auswurf), Halsentzündung, Husten und Menstruationsbeschwerden empfohlen. Bei Verwendung als Badezusatz soll er juckenden Ausschlag sowie Rheumabeschwerden lindern. In Wein angesetzt, soll Dost der Gesundheit alter Menschen sehr zuträglich sein.

**Sammelzeit:** Mai bis September (für Tee) während der Blüte, als Gewürz nicht blühende Zweige

**Standorte:** in Kalkmittelgebirgen besonders auf trockenen Wäldern, Wiesen, Brachflächen und an Wegrändern

**Verwendbare Pflanzenteile:** Blätter, Blüte

# Dostfladen

*500 g Vollkornmehl / 1 EL Vollrohrzucker / lauwarmes Wasser /*
*1 Würfel Hefe / 2 Hand voll Dost / Meersalz / 1 Eigelb / 1 TL Olivenöl*

Man gibt das Mehl in eine Schüssel und verrührt einen Teil mit Vollrohrzucker, etwas warmem Wasser und der Hefe zu einem flüssigen Vorteig, den man zugedeckt stehen lässt (die Masse verdoppelt oder verdreifacht ihr Volumen). Über das restliche Mehl gibt man den zerkleinerten Dost und knetet ihn nach dem Gehen mit etwas Salz unter. Nach dem ausgiebigen Kneten muss der Teig noch einmal Gelegenheit zum Gehen haben, und zwar mindestens eine Stunde an einem warmen Ort. Aus dem fertigen Teig formt man ein Fladenbrot, bepinselt es mit einem Gemisch aus Eigelb, 1 TL Vollrohrzucker, Olivenöl und 1 EL Wasser und lässt es im vorgeheizten Ofen auf der mittleren Schiene bei 175 °C Ober- und Unterhitze etwa eine halbe Stunde backen. Übrigens können Sie den Teig auch für Pizza verwenden.

# Kartoffelklöße mit Dostsauce

### Für die Klöße:
*1 kg Kartoffeln / 50 g feines Weizenmehl / 75 g Stärkemehl / Butter /*
*1 Ei / Meersalz / Muskatnuss / Wasser / geröstetes Vollkornbrot*

### Für die Sauce:
*4 große Zwiebeln / Butter oder Olivenöl / 3 EL Weizenschrot / Meersalz /*
*1 Hand voll getrockneter Dost / wenig trockener Rotwein / etwas Buttermilch /*
*frisch gemahlener schwarzer Pfeffer*

Für die Klöße werden die Kartoffeln geschält, gekocht und anschließend gerieben oder mit der Kartoffelpresse gepresst. Dann werden sie mit den restlichen Zutaten zu einer glatten Masse gemischt und zu appetitlichen Klößen geformt. In die Mitte jedes Kloßes drückt man je ein Stück geröstetes Brot. Die Klöße werden dann in leicht gesalzenem kochenden Wasser etwa 15 Minuten leicht geköchelt (wenn die Klöße aufgestiegen sind, den Deckel vom Topf nehmen). Für die Sauce brät man reichlich fein gehackte Zwiebel in Butter oder gutem Olivenöl unter Zugabe von wenig feinem frischem Weizenschrot kräftig an und salzt leicht. Dann gibt man eine Hand voll getrockneten und fein zerkleinerten Dost zu und löscht gleich anschließend mit ein wenig Rotwein ab. Die Sauce wird mit etwas Buttermilch aufgefüllt und mit Salz und Pfeffer abgeschmeckt.

# Kartoffelsuppe mit Dost

*1 Zwiebel / Butter zum Braten / einige Beifußknospen /*
*500 g Kartoffeln / 500 g Gemüse der Saison*
*(zum Beispiel Lauch, Möhren, Erbsen) /*
*mindestens 1 Hand voll getrockneter Dost / Meersalz /*
*frisch gemahlener schwarzer Pfeffer / süße Sahne /*
*geröstetes Vollkornbrot*

Eine recht große, fein gehackte Zwiebel wird in einem Suppentopf in reichlich guter Butter unter Zugabe einiger Beifußknospen angebraten. Man löscht mit klarem Wasser ab und fügt klein gewürfelte Kartoffeln und Gemüse der Saison hinzu. Die getrockneten Blätter des Dostes zupft man von den Stielen und gibt sie ebenfalls in die Suppe. Die Stängel bindet man mit Küchengarn zusammen und legt sie zunächst beiseite. Bei mäßiger Hitze wird die Suppe etwa 25 Minuten geköchelt und mit Salz und Pfeffer aus der Mühle gewürzt. Dann passiert man sie durch ein Sieb, hängt das Bündel mit Doststielen in den Topf und lässt die Suppe weitere zehn Minuten auf der heißen Herdplatte ziehen. Danach wird das Bündel aus der Suppe genommen und die Suppe mit süßer Sahne verfeinert.

Serviert wird in tiefen Suppentellern, auf denen je eine Scheibe geröstetes Vollkornbrot liegt.

# Franzosenkraut

## Galinsoga parviflora

*Lauchkraut, Lauchhederich,*
*Kleinblütiges Knopfkraut,*
*Knoblauchhederich*

»Siehe, ich habe euch gegeben
alles Kraut, das sich besamet auf Erden
und alle Bäume, die in sich selbst Samen haben
nach ihrer Art, dass sie euch zur Speise dienen.«
*Buch Genesis, 1. Kapitel, Vers 29*

Schon die Bibel weist in unzähligen Text-
passagen auf die Reichhaltigkeit der Flora
hin, ohne zwischen Kraut und Unkraut zu
unterscheiden. Es ist der Mensch, der frei
entscheidet, was Kraut oder Unkraut, nützlich oder schädlich, schön oder hässlich, aro-
matisch oder ungenießbar ist. Vieles davon ist Vorurteilen unterworfen, so auch
das radikal gehasste und rücksichtslos verfolgte Franzosenkraut.
In Fachbüchern kann man nachlesen, dass es sich beim Franzosenkraut um ein
eingeschlepptes Garten- und Ackerunkraut handelt, welches durch die »Fran-
zosenkriege«, die Napoleonischen Kriege also, Einzug gehalten hat (daher soll
auch der Name stammen). Ursprünglich soll das Franzosenkraut in Südamerika
beheimatet gewesen sein, auf dunklen Wegen fand es nach Spanien und Frank-
reich, und später soll es auf eben solchen dunklen Wegen auch in unsere Breiten
gelangt sein. In Deutschland wurde es erstmalig Anfang des 19. Jahrhunderts
in der Pfalz verwildert angetroffen. Ob es allerdings von dort aus seinen Sieges-
zug in die Gärten und auf die Äcker angetreten hat, bleibt ebenfalls im Dunkeln.
Landwirte und Gartenbesitzer kennen diese Pflanze nur zu gut. Sie tritt in
Massen auf, typisch ist auch das massenhafte Auftreten mehrerer Generationen
nebeneinander – Franzosenkraut kann sich immerhin drei Mal im Jahr vermehren, sodass auf der gleichen Fläche neben Jungpflanzen auch bereits blühende
Exemplare anzutreffen sind. Dies bedeutet, dass das Franzosenkraut dort, wo es
sich einmal niedergelassen hat, mit herkömmlichen Mitteln kaum wieder zu
vertreiben ist – es sei denn, man isst es auf. Ich konnte jedenfalls diese Beobach-
tung machen: Seitdem wir das Franzosenkraut regelmäßig verzehren, bedarf es
zeitweise der Schonung, damit es nicht gänzlich aus dem Garten verschwin-

det. Es schmeckt nämlich fantastisch, beinahe wie Zuckererbsenschoten, nur viel zarter. Beim Franzosenkraut handelt es sich um eine einjährige Pflanze von 20 bis 30 Zentimeter Höhe. Das Kraut liebt trockenen, lockeren, humusreichen Boden, doch auch auf Sandböden gedeiht es prächtig. Der aufrechte Stängel, an dem zierliche, hellgrüne, leicht gezahnte Blätter paarweise sitzen, teilt sich während der Entwicklung der Pflanze, sodass im Spätsommer aus dem zierlichen, kleinen, unscheinbaren Pflänzchen ein recht stattliches Exemplar mit vielen Blüten gewachsen ist. Die Blüte ist unscheinbar klein und weiß, in der Mitte ist sie gelb und ähnelt in gewisser Weise einer viel zu klein geratenen Kamillenblüte.

An Inhaltsstoffen sind ein hoher Chlorophyllgehalt, Vitamine, Mineralien sowie Zucker nennenswert. Verwendet werden frische Stängel und Blätter der Pflanze, bevor sie blüht. Durchs Erhitzen verliert Franzosenkraut seinen außergewöhnlich zarten Geschmack. Es schmeckt dann zwar nur noch »grün«, aber auch gut. Besonders gut passt es aber in Kräuterquarkzubereitungen oder eben als Salat (solo) oder nur als Beimischung, in kalten Saucen oder Kräuterfüllungen. Aber auch als »Spinat« ist es nicht zu verachten.

**Sammelzeit:** April bis Juli (vor der Blüte)

**Standorte:** in ganz Europa, vornehmlich in Gärten, entlang von Rainen und Äckern und auf Brachflächen

**Verwendbare Pflanzenteile:** Blätter, Stängel

# Franzosenkraut-
## Frischkäse

*1 Becher Magerquark / 1 Becher Schmand oder saure Sahne /
1 mittelgroße wilde Pastinake / Meerrettich nach Geschmack /
2 Hand voll fein gewiegte Franzosenkrautblätter / Meersalz*

Der Quark wird mit dem Schmand oder der sauren Sahne leicht verrührt. Anschließend wird die frische gehobelte Pastinake sowie ein Stück fein geriebene Meerrettichwurzel, die fein gewiegten Franzosenkrautblätter und das Meersalz zugegeben und abschließend noch einmal kurz durchgerührt. Der Frischkäse kommt zum Durchziehen für etwa eine Stunde in den Kühlschrank.

**//** **Tipp:** Passt gut zu Vollkorntoast oder als Füllung für Windbeutel! (Brandteig für Windbeutel siehe Seite 138).
Franzosenkraut welkt sehr schnell, deswegen am Vormittag ernten und gleich frisch verwenden. Nach dem Abspülen sollte es nur trockengeschleudert werden, so bleiben die zarten Blätter in Form.

# Franzosenkraut-
## Spinat

*8 – 10 Hand voll Franzosenkrautblätter /
100 ml Weißwein, evtl. mit etwas Wasser verdünnt /
Meersalz / Muskatnuss / 1/8 l süße Sahne / 2 EL Vollkornmehl /
ein Schuss Zitronensaft / frisch gemahlener schwarzer Pfeffer /
1 Hand voll Knoblauchsrauke*

Die Blätter werden gereinigt, in etwas Weißwein (der eventuell mit etwas Wasser verdünnt wird) gedünstet und mit Salz und Muskatnuss abgeschmeckt. Die süße Sahne verrührt man mit etwas Vollkornmehl und dickt den Spinat damit ein. Zum Schluss wird mit einem Schuss Zitronensaft und frisch gemahlenem Pfeffer sowie mit den gründlich gereinigten und fein gehackten Blättern der Knoblauchsrauke abgeschmeckt.

# Franzosenkraut-Cremesuppe

*1 Zwiebel / 8 Hand voll Franzosenkrautblätter /
etwas Butter zum Bräunen / 1 l Gemüsebrühe /
Vollkornmehl / ⅛ l süße Sahne / 4 – 5 Eier / Meersalz /
1 – 2 Zehen Knoblauch / Zitronensaft nach Geschmack / Muskatnuss /
frisch gemahlener schwarzer Pfeffer / Knoblauchsrauke / Schafgarbe*

Die fein gewürfelte Zwiebel wird mit den gereinigten Blättern des Franzosenkrautes (reichlich verwenden, die Blätter fallen ganz zusammen) in etwas Butter gebräunt. Abgelöscht wird mit Gemüsebrühe. Wer es mag, verrührt etwas Vollkornmehl mit der süßen Sahne und dickt hiermit die Suppe nach dem Aufkochen etwas ein, bevor sie mit den Eiern legiert wird. Wer es nicht so dick haben möchte, rührt die Sahne erst kurz vor dem Servieren unter. Abgeschmeckt wird mit Salz, Knoblauch aus der Presse, einem Spritzer Zitronensaft, Muskatnuss und Pfeffer. Ganz zum Schluss werden die fein gewiegten Kräuter untergerührt. Man gibt die Suppe in tiefe Suppenteller, in denen je eine Scheibe Vollkorntoastbrot liegt, oder gibt kurz vor dem Auftragen klein gewürfelte und knusprig gebräunte Toastwürfelchen hinzu.

# Gänseblümchen

*Bellis perennis*

Angerbleamel, Augenblümchen, Busserl,
Dorotheastöckel, Gänseblume,
Gänsekraut, Gänseliesel,
Gänsenagerl, Grasbleamel,
Herzblümli, Himmelsblume,
Katzenblümlein, Mägdelieb,
Maiblume, Maifüßchen,
Mairöserl, Margaretel,
Margaritenblume, Märzblume,
Maßliebchen, Matheisblümchen,
Monatsblume, Mondscheinbleamel,
Morgenblume, Müllerblume,
Mümmeli, Mutterblümchen, Muttergottesblimla,
Osterblume, Petersblümchen, Rainblume, Regenblume, Rekrutenröserl,
Rockerl, Saubleamel, Schweinzerle, Seidenröserl, Sommertürlein, Tausendschön,
Wasenbleamerl, Wieseli, Zeitlose, Zeitlosenkraut

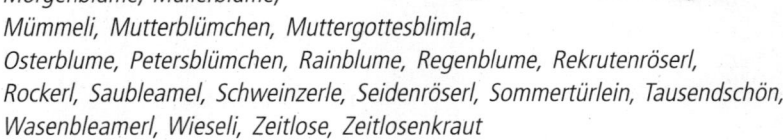

In ganz Europa und Asien ist das kleine, gerade mal einige Zentimeter hohe Blümchen beheimatet. Es blüht auf Weiden und Wiesen, entlang grasbewachsener Wege, in Vorgärten und überall sonst, wo Gras steht, beinahe das ganze Jahr hindurch. Nur nachts und bei Regen schließen sich die kleinen weißen bis rosafarbenen Blüten, ansonsten folgen sie tagtäglich dem Lauf der Sonne. Das Gänseblümchen – wer kennt es nicht? Kinder winden ihre Kränze aus den Blüten, Verliebte zählen ihr Herzblut daran ab. Als »Mutterkraut« wird dem Gänseblümchen in der »Hexenmedizin« eine fehlgeburtsfördernde Wirkung nachgesagt. Wegen dieser Wirkung sahen die Bauern ihr Vieh gefährdet und wollten das Blümchen daraufhin ausrotten. Zum Glück fruchtete der Kampf nicht, und wir können uns noch heute am Anblick der Maßliebchen erfreuen. Im Geschmack ist das Gänseblümchen etwas zusammenziehend – es enthält viele Gerbstoffe –, aber interessant. An Inhaltsstoffen sind unter anderem Saponine, verschiedene organische Säuren, Pflanzenschleim, Inulin, Bitterstoffe, ätherische Öle, Protein, organische Säuren und Vitamin C zu nennen. Als Salatbeilage ist es gerade im Frühjahr, wenn nichts außer Löwenzahn und Brennnesseln gedeiht, sehr empfehlenswert.

In der Volksmedizin wird es gern als ausscheidungsförderndes Mittel verwendet, zur Schleimlösung, bei Erkältungen der Luftwege und Bronchien.

**Sammelzeit:** ganze Pflanzen und Blüten das ganze Jahr über, Knospen im Frühjahr

**Standorte:** überall, wo auch Gras wächst, an Wegrändern und an Feldwegen

**Verwendbare Pflanzenteile:** Blätter, Blüten und Knospen

 **Tipp:** Auf einen Salat, der nur aus Gänseblümchen besteht, sollte wegen der enorm schweißtreibenden Wirkung verzichtet werden. Ich selbst habe nach solch einem »Menü« noch drei Tage später ordentlich geschwitzt!

# Grundrezept
## Kapernbereitung

*2 Hand voll Gänseblümchenknospen / ½ l Salzwasser / ½ l Essig*

Die Knospen werden gewaschen, in Salzwasser schnell aufgekocht und zum Abtropfen in einen Durchschlag oder ein Sieb gelegt. Danach gibt man die Knospen in einen Steintopf und übergießt sie mit kochendem Essig. Nach vier bis fünf Tagen werden sie in diesem Essig aufgekocht (sie müssen vollkommen bedeckt sein!). Nach dem Erkalten wird der Topf mit Einmachhaut oder Einmach-Cellophan abgedeckt (als es noch keine solchen Folien gab, wurde übrigens die Blase des Schweines dafür verwendet).

 **Tipp:** Die Verwendung der Kapern ist sehr vielseitig. Erwähnenswert ist die Beigabe zu Salaten, Ragouts, Mayonnaisen und Saucen.

## Maßliebchensuppe

*Dieses einfache Rezept ist sehr schnell nachgekocht und bedarf wenig Erfahrung in der Küche. Außerdem ist die Suppengrundlage schnell zusammengetragen, sodass sich diese Suppe nach einer längeren Wanderung in herbstlicher Witterung geradezu anbietet.*

*4 große Hand voll Gänseblümchen (ganze Pflanzen mit Wurzeln) /*
*etwas Olivenöl zum Ausbraten / evtl. 100 ml Apfelwein /*
*1 l Gemüsebrühe / Meersalz / frisch gemahlener schwarzer Pfeffer /*
*⅛ l süße Sahne / Vollkornbrotwürfel*

Die ganzen Gänseblümchenpflanzen werden gereinigt, grob gehackt und in einem guten Olivenöl kurz, aber kräftig angebraten. Wer es mag, löscht mit ein wenig gutem Apfelwein ab (wer nicht, sollte einfach eine Gemüsebrühe nehmen). Nach dem Ablöschen gießt man Gemüsebrühe auf, würzt die Suppe mit etwas Salz und Pfeffer und verfeinert evtl. mit etwas süßer Sahne. Während die Suppe aufkocht, bräunt man die Brotwürfel in einer Pfanne an und bestreut die Suppe kurz vor dem Servieren damit.

# Grünkernsuppe
## mit Gänseblümchen

*1 mittelgroße bis große Zwiebel / 1 – 3 Knoblauchzehen /*
*Butter zum Dünsten / Grünkernschrot / 1 l Gemüsebrühe /*
*4 Hand voll Gänseblümchen (ganze Pflanzen mit Wurzeln) /*
*etwas Milch / etwas süße Sahne / Meersalz /*
*frisch gemahlener weißer Pfeffer / Quendel*

Zwiebel und Knoblauchzehen werden geschält, fein gehackt und in Butter zusammen mit Grünkernschrot hellgelb gedünstet. Man löscht mit Gemüsebrühe ab und köchelt die Suppe langsam auf kleiner Flamme etwa 20 Minuten. In der Zwischenzeit putzt man die frisch gesammelten und einwandfreien Gänseblümchen, hackt sie grob und gibt sie nach etwa 20 Minuten Kochzeit zusammen mit Milch und süßer Sahne zu der Suppe. Nun wird die Suppe noch einmal einige Minuten langsam auf kleiner Flamme geköchelt. Kurz vor dem Servieren würzt man mit Salz, weißem Pfeffer und den abgezupften Blättchen des Quendels (die Stängel können mit Küchengarn gebündelt und zum Auskochen schon vorher in den Topf gehängt werden).

# Heckenrose

## Rosa canina

*Arschkitzler, Buttelrose, Dornröschen,
Frauenrose, Hagebutte, Hagrose,
Hainbuttern, Heideröslein, Hiefen,
Hundsdorn, Hundsrose, Judendorn,
Rosendorn, Schlafdorn, Wipken*

Wie Festungen stehen die wehrhaften Sträucher der Heckenrose in der Gemarkung und bilden undurchdringbare Mauern. Von weitem schon kann man sie an ihrer Eleganz – die Zweige hängen bogenbildend über – erkennen. Wenn im Frühjahr die Knospen platzen und sich der Strauch mit unzähligen rosafarbenen Blüten ziert, tanzen summend und surrend unzählige Insekten den Hochzeitstanz, der dem Herbst eine reiche Ernte verspricht. Übrigens beheimatet ein einziger Strauch mehr als einhundert verschiedene Insektenarten, beim Weißdorn sind es doppelt so viele. Im Schutz der vielen und abervielen Dornen brüten außerdem Vögel, haben Reptilien, Schnecken und anderes Getier eine Heimat gefunden, auch andere Pflanzen nutzen das besondere Klima. So machen sich zum Beispiel Farne gern an den feucht-schattigen Plätzen inmitten einer Hecke breit.

Die Heckenrose ist bekannt für ihre Früchte, die Hagebutten. Dass die Blätter der Heckenrose viel Jod beinhalten, wird einige vielleicht überraschen. Auch basische Proteine (Histone) kommen in der Pflanze vor; Histone sind bekannt für ihre Anti-Tumorwirkung. In den Früchten sind Provitamin A und die Vitamine B, C, E und K sowie organische Säuren und Vanillin vorhanden. Die frischen Hagebuttenfrüchte enthalten deutlich mehr Vitamin C als Zitronen. Allerdings sollte man bedenken, dass sich bereits Ende Juni die Blätter wieder gelb färben und für die Bereitung von Tee denkbar ungeeignet werden.

Die Blüten werden gesammelt, wenn sie noch nicht aufgeblüht sind. Sie ergeben getrocknet einen heilsamen Tee, der bei leichten Entzündungen im Mund- und Rachenraum hilft.

Hagebutten werden gesammelt, wenn sie leuchtend rot an den Zweigen hängen. Nachdem die Kerngehäuse entfernt wurden, werden auch sie (man kann sie natürlich auch zerteilen) getrocknet und als Beigabe zu einem guten Tee gegeben. Hagebutten sind ein gutes Stärkungsmittel.

**Sammelzeit:** Blätter: März bis Juni; Blüten: Juni und Juli; Früchte: ab Ende September bis zum ersten Frost, für Wein nach dem ersten Frost

**Standorte:** häufig in Gesellschaft mit anderen wilden Sträuchern wie Schlehdorn, Weißdorn, Hartriegel, als einzelner Strauch an mageren Hängen und Böschungen, Waldränder

**Verwendbare Pflanzenteile:** Blüten, Blätter, Früchte (Hagebutten)

# Hagebuttenmark

*Hagebutten / Vollrohrzucker*

Feste Hagebutten befreit man von Stielen und Köpfen, schneidet sie auf, wäscht sie mit oder ohne Kerne, schüttet sie auf Tücher und trocknet sie anschließend ab. Die so vorbereiteten Hagebutten lässt man zugedeckt vier bis fünf Tage kühl stehen, bis die Früchte weich geworden sind. Dann werden sie durch ein Haarsieb gestrichen und zu gleichen Teilen mit Vollrohrzucker verrührt, bis sich der Zucker gelöst hat.
Hagebuttenmark in luftdicht verschlossenen Gläsern kühl lagern.

 **Tipp:** Hagebuttenmark eignet sich zum Verfeinern von Süßspeisen, als Brotaufstrich oder als Kuchenbelag.

## Rosen-Milch-Tee

*Die fermentierten Blätter des Hagebuttenstrauchs ergeben mit Milch und Eigelb einen einzigartigen Tee (siehe Kapitel »Teekräuterbereitung«, Seite 20).*

*½ l Milch / 1 gehäufter TL fermentierte Rosenblätter /*
*½ Vanillestange / Vollrohrzucker / 1 Eigelb*

Man lässt die Milch aufkochen und gibt die fermentierten Rosenblätter hinein. Diese lässt man fünf Minuten ziehen, dann siebt man durch, gibt die halbe Vanillestange und nach Geschmack auch etwas Vollrohrzucker hinein und hebt das Eigelb darunter. Gut durchrühren, die Vanillestange entfernen und die Milch in hohen Tassen servieren.

# Hagebuttenmarmelade

*Hagebutten / Wasser (1 l auf 1 kg Früchte) / Vollrohrzucker / Zimt*

Die Hagebutten werden von Stielen und Köpfen befreit und gereinigt. Auf 1 kg Hagebutten gibt man 1 l Wasser und kocht die Früchte weich. Sie werden dann in dem verbliebenen Wasser zerkleinert (ich bevorzuge für diese Arbeit die »Flotte Lotte«). Dann wird die gleiche Menge an Zucker zugegeben und gekocht, bis die gewünschte Konsistenz erreicht ist. Durch einen Hauch Zimt erhöht sich der wunderbare Eigengeschmack dieser Marmelade, der durch den hohen Vanillingehalt der Kerne ohnehin fast unübertroffen ist.

 **Tipp:** Die Hagebutten länger köcheln lassen, denn erst durch das Köcheln entwickelt sich der typische Vanillegeschmack! Das sonst sehr hitzeempfindliche Vitamin C aus der Hagebutte wird durchs Erhitzen nicht zerstört.

*Wenn ich beim Putzen der Hagebutten in der Küche am alten Tisch sitze und im Holzherd ein lustiges Feuer knistert, denke ich oft an die Zeit zurück, als wir – meine Familie saß früher häufig gemeinsam am Küchentisch und erledigte diverse Arbeiten gemeinsam – noch nicht so ernsthaft und diszipliniert mit den Dingen umgegangen sind.*

*Die Kerne der Hagebutte stellen bekanntlich ein verflucht gutes Juckpulver dar, das wir generell, am liebsten händeweise, im Rückenteil der Garderobe unseres Tischnachbars, natürlich auch während des Unterrichts in der Schule, verteilten.*

*Meine Kinder sitzen heute auch mit mir am Tisch, dann erzähle ich ihnen alte Geschichten und sehe einen Glanz in ihren Augen, den ich wohl damals auch gehabt haben muss. Übrigens ist der Holzherd ein Ort der wohligsten Wärme, wie viele meiner Freunde, die ihn immer wieder bestaunen, mir sagten. Nebenbei macht er nicht nur schön warm, sondern ist auch noch äußerst wirtschaftlich; das Wasser wird nebenbei heiß, in der Röhre trocknen nebenbei Trockenpflaumen oder brutzelt Mus vor sich hin, über ihm trocknet gerade im Herbst die Wäsche gut nach.*

# Hagebuttenmarmelade
## Frühling trifft Herbst

*150 g getrocknete Hagebutten / ½ l Apfelsaft /*
*250 g Vollrohrzucker / 2 EL Holunderblütensirup*

Die getrockneten Hagebutten kräftig abbrausen und abtropfen lassen, danach werden sie über Nacht in einen Topf gegeben und mit dem Apfelsaft versetzt. Am nächsten Tag wird der Vollrohrzucker dazugegeben und bei mäßiger Wärme auf dem Herd geköchelt. Öfter Rühren!
Die Marmelade hat eine gute Konsistenz erreicht, wenn der Apfelsaft von roter Farbe und eingedickt ist. Jetzt wird der Holunderblütensirup hinzugefügt. Nach dem nochmaligen Aufkochen wird die Marmelade in saubere Gläser gefüllt und diese verschlossen.

**//** **Tipp:** Die Hagebuttenschalen können während des Garens auch mit dem Passierstab zerkleinert werden!
Auch Hagebutten der Heckenrose *Rosa rugosa* eignen sich hervorragend für diese Marmelade.

**//** **Übrigens:** Der Kerne der Heckenrosen *(Rosa canina* und *Rosa rugosa)* enthalten hohe Mengen an reichhaltigem Kernöl. Dieses Öl ist eine Revolution in der Kosmetik und bei der Körperpflege, da es viel Vitamin E beinhaltet: Das leichte Öl hat nicht nur pflegende, sondern auch präventive Eigenschaften gegenüber Freien Radikalen. Es dringt sehr tief in die untersten Hautschichten ein!

# Hagebuttenwein
## von frischen Früchten
### *ergibt 5 l*

**Ansatz für leichten Wein:**
*1,2 kg Hagebutten / 700 g Zucker / 4,6 l Wasser*

**Ansatz für schweren Wein:**
*1,5 kg Hagebutten / 1,7 kg Zucker / 4 l Wasser*

**Ansatz für Schaumwein:**
*1 kg Hagebutten / 500 g Zucker / 4,7 l Wasser /
passende Weinhefe (für Champagner geeignet)*

Die Früchte werden von Stielen und Blattresten befreit und durch den Fleischwolf gedreht oder mit der Küchenmaschine zerkleinert. Zwei Drittel der vorgeschriebenen Wassermenge werden darüber gegeben, für Schaumwein wird auch noch die Weinhefe hinzugefügt. Die Zuckermenge bemisst man je nach gewünschtem Weincharakter: Für leichten Wein wird der gesamte, für schweren Wein zunächst nur ein Drittel des Zuckers zugesetzt und mit einem Tuch bedeckt 24 Stunden stehen gelassen. Danach wird die Masse durch ein Tuch gepresst und in den Ballon gefüllt. Zur genaueren und weiteren Vorgehensweise siehe Kapitel »Hausweinbereitung« ab Seite 23.

# Hagebuttenwein
## von getrockneten Früchten
*ergibt 5 l*

*500 g getrocknete Hagebutten mit Kernen oder*
*250 g getrocknete Hagebutten ohne Kerne /*
*Weinhefe (je nach gewünschtem Charakter)*

**außerdem für leichten Wein:**
*900 g Zucker / 4,4 l Wasser*

**außerdem für schweren Wein:**
*1,8 kg Zucker / 3,9 l Wasser*

Die getrockneten Früchte werden grob zerstoßen, mit zwei Dritteln der auf 40 °C erwärmten Wassermenge übergossen und 24 Stunden stehen gelassen. Dann werden die Früchte abgeseiht und leicht ausgepresst und die Flüssigkeit in den Ballon gefüllt. Der Zucker wird in etwas Wasser aufgekocht, bis er sich gelöst hat, und zusammen mit der vorgeschriebenen Menge an Weinhefe zugegeben. Bei schwerem Wein gibt man zunächst nur ein Drittel der Zuckermenge zu. Der Ballon wird mit einem Wattebausch verschlossen. Weitere Vorgehensweise siehe Kapitel »Hausweinbereitung« ab Seite 23.

# Hagebutten-anders-Wein

*ergibt 5 l*

### Ansatz für leichten Wein:
*1,5 kg Hagebutten /*
*4 – 6 Würfel Presshefe oder Weinhefe / 700 g Zucker / 4,5 l Wasser*

### Ansatz für schweren Wein:
*1,5 kg Hagebutten /*
*4 – 6 Würfel Presshefe oder Weinhefe / 1,65 kg Zucker / 3,9 l Wasser*

Gerade Hagebuttenwein tendiert sehr leicht zu einem Essigstichwein. Dies ist mit folgender, noch dazu sehr einfacher Methode abzuwenden: Die gesäuberten, von Blüten und Blattstielen befreiten, möglichst reifen Früchte werden mehrmals gewaschen, das Waschwasser dabei mehrfach wechseln. In das letzte Wasserbad gibt man entweder Presshefe, und zwar so viel, dass das Wasser milchig trüb wird, oder reine Weinhefe (diese eignet sich wesentlich besser). Erst dann halbiert man die Früchte und gibt sie zusammen mit dem Zucker – drei Teile Zucker ergeben ein Teil Alkohol! – und dem hefeversetzten Wasser in den Ballon. Der Ballon sollte nicht ganz gefüllt sein, damit der Weinansatz bei der bald einsetzenden stürmischen Gärung nicht aus dem Ballon tritt. Das Wasser muss die Hagebutten vollkommen bedecken. Der Ballon muss recht warm (etwa 25 °C) gestellt werden. Schon nach einigen Stunden setzt die stürmische Gärung ein (Achtung! Manchmal blubbert es im Ballon wie in einem wild gewordenen Vulkan, wodurch die Küche in ein Schlammfeld verwandelt wird). Erst wenn die Früchte nicht mehr steigen, wird das Gärröhrchen aufgesetzt und der Ballon luftdicht verschlossen. Die Beeren werden so lange im Ballon gelassen, bis die Gärung abgeschlossen ist. Dies kann mitunter über ein halbes Jahr dauern. Wenn der Wein geklärt werden soll (in einem kühlen Raum), können die herausgenommenen Hagebutten, mit Zucker versetzt, noch einen leichten Wein nach dem gleichen Verfahren ergeben (siehe auch Kapitel »Hausweinbereitung« ab Seite 23).

 **Tipp:** Bevor Sie sich zum Kauf einer Weinhefe entschließen, sollten Sie die Gärfähigkeit prüfen. Sie ist gewährleistet, wenn das Verfallsdatum nicht überschritten ist, der Bodensatz sich relativ mühelos durch Schütteln löst und die Lagerung der Hefe nicht an einem übertemperierten Ort stattgefunden hat.

# Heidelbeere

## Vaccinium myrtillus

*Äuglbeer, Bickbeere,*
*Blaubeere, Buschbeere,*
*Hällbeere, Jägerbeere,*
*Schwarzbeere, Mostbeere,*
*Staudelbeere, Waldbeere,*
*Pickelbeere*

Die Vielzahl der volkstümlichen Namen weist auf die Bedeutung dieser kleinen Frucht hin. Es gibt Volksnamen im gesamten europäischen Raum – in den Niederlanden wird die Heidelbeere gern *Blubberbeere* genannt und in Lettland sagen die Leute »Schwarze« zu ihr. Auch in den USA kennt man diese Beere – Mark Twain gab einem seiner Protagonisten, Huckleberry Finn, ihren Namen – *Huckleberry.*
Heidelbeeren stammen ursprünglich aus Eurasien und waren dort schon im 11. Jahrhundert bekannt. Es gibt Kulturformen und die Wildform.
Wilde Heidelbeeren trifft man in lichten Kiefernwäldern oder Heidelandschaften und in moorigen Gegenden an. Da die Pflanzen ein respektables Alter von etwa dreißig Jahren erreichen können und sich durch Wurzelableger vermehren und verbreiten, können sie mitunter riesige Flächen wie ein Teppich überspannen. Die Sträucher zählen zu den Zwergen und erreichen eine maximale Höhe von knapp einem halben Meter. Die Äste sind stark verzweigt und das Besondere an ihnen: Sie sind grün und kantig. Die Blätter sind in den Sommermonaten auf Ober- und Unterseiten ebenfalls grün, leicht glänzend wachsig und von ovaler Form; im Herbst färben sie sich blutrot.
Genau hinsehen lohnt, trifft man auf diese Zwergsträucher – unter den Blättern, ein wenig verborgen, reift des Sommers süßester Traum: Heidelbeeren! Man muss bestimmt kein Gourmet sein, um diese süßen Früchte zu mögen. Doch Geduld beim Pflücken ist angesagt! Übrigens gehen nach altem Volksglauben dort Zwerge ein und aus, wo dichtes Heidelbeergestrüpp den Boden bedeckt!
Heidelbeeren gehören zu den Heidekrautgewächsen, zu denen mehrere Arten gezählt werden. Auch die Preiselbeere *(Vaccinium vitis-idaea)* zählt zu den Heidekrautgewächsen und weist eine gewisse Ähnlichkeit mit der Heidelbeere auf – allerdings färben sich die reifen Beerenfrüchte »nur« rot. Ähnlicher ist da

schon ein weiterer Vertreter der Heidekrautgewächse: die Rausch- oder Moorbeere *(Vaccinium uliginosum)*, die, wie der Name vermuten lässt, moorige Wälder und Alpenheiden als Standorte bevorzugt. Die Beeren der Moorbeere bereifen sich bei Reife wie die Heidelbeeren blau, weisen aber im Unterschied zu diesen einen farblosen, faden Saft auf. Man sollte vom Verzehr Abstand nehmen, da Moorbeeren Übelkeit bewirken.

Ab April kann in geschützten Lagen die Blütezeit einsetzen, die dann bis Ende Juni fortdauern kann. Heidelbeerblüten gleichen kleinen, kugeligen Lampions und sind von grünlich weißer bis zart rosa Farbe. Meist wachsen sie einzeln. Ende Juli reifen dann endlich die ersten Heidelbeeren. Die reifen Beeren sind tief pflaumenblau und bereift. Zerdrückt man sie zwischen den Fingern, tritt ein bläulicher Saft aus.

In der Volksmedizin spielen Heidelbeeren schon lange eine Rolle. Ähnlich dem Holunderstrauch fanden alle Pflanzenteile volksmedizinische Verwendung. Im Kräuterbuch des Tabernaemontanus (1522 – 1590) wird auf die Heilwirkung bei Geschwulsten, Mundfäule, Nierensteinen oder wider die Ruhr hingewiesen, und je nach Krankheitsbild wurden getrocknete und pulverisierte Wurzeln, getrocknete Blätter oder getrocknete Beeren verordnet. Auch Hildegard von Bingen hat ihre Erfahrungen mit der Heidelbeere weitergegeben. Sie warnt jedoch vor dem Genuss, da sie der Frucht Rheuma auslösende Eigenschaften nachsagt. Aus neuerer Zeit stammen Warnungen beim Umgang mit Heidelbeerblättern. Durch Überdosierung und Dauergebrauch der Blätter kann es zu einer Abnahme des Hämoglobingehaltes des Blutes kommen. Die Beeren jedoch sind unbedenklich und sie sind gesund!

Seit der Empfehlung der Hildegard von Bingen hat sich das volksmedizinische Ansehen der Heidelbeere heute stark gebessert. Dies verdankt die Beere dem violetten Farbstoff. Er wird erfolgreich bei Nachtblindheit und zur allgemeinen Besserung der Sehschärfe – sogar in der Raumfahrt – eingesetzt. Getrocknete reife Beeren ergeben einen hochwirksamen, harntreibenden Tee.

An Inhaltsstoffen sind reichlich Vitamin E und A, viel Vitamin C und $B_6$, Calcium, Eisen, Gerbstoffe, Folsäure, Oxalsäure, Pektin, Tannin und Phosphor sowie in den Blättern ein hoher Anteil Hydrochinon nennenswert. Da die meisten Vitamine unter Hitzeeinwirkung zerstört werden, sollten Heidelbeeren roh verzehrt werden!

**Sammelzeit:** Beeren: Juli bis September

**Standorte:** lichte Nadelbaumwälder, Heide, moorige Gebiete, Moore

**Pflanzenteile:** Beeren

## Heidelbeer-Quark-Dessert

*250 g frische Heidelbeeren / 3 EL Honig /
250 g Quark oder Frischkäse / 1 EL Crème fraîche /
1 Prise Ingwerpulver*

Die Heidelbeeren werden gewaschen und gut abgetrocknet, mit Honig begossen und mittels einer Gabel leicht zerdrückt und verrührt. Der Quark wird in die Heidelbeermasse gegeben, die Crème fraîche hinzugefügt, mit einer Prise Ingwer gewürzt und alles verrührt. Die Quarkcreme sollte vor dem Servieren für etwa eine Stunde im Kühlschrank durchgekühlt werden.

## Heidelbeerpfannkuchen

*250 g Vollkornmehl / 1 TL Weinsteinbackpulver /
4 Eier / 300 ml Milch / 1 Prise Ingwerpulver /
500 g Heidelbeeren /
Butterschmalz zum Ausbacken / Ahornsirup oder Birnendicksaft*

Aus Mehl, Backpulver, Eiern, Milch und einer Prise Ingwerpulver wird ein glatter Teig bereitet, der vor dem Ausbacken etwa 30 Minuten quellen sollte. Die Heidelbeeren werden in der Zwischenzeit gründlich gewaschen und gut getrocknet – auf schadhafte Früchte achten!
In einer Pfanne wird Butterschmalz erhitzt und ein Teil des Teiges hineingegeben. Sobald sich der Eierkuchen etwas festigt, wird er gleichmäßig mit einer Hand voll Beeren bestreut. Braten lassen. Dann vorsichtig wenden und fertig ausbacken. Der fertige Eierkuchen wird auf einem Teller angerichtet und mit Ahornsirup oder Birnendicksaft gesüßt. Mit dem restlichen Teig ebenso verfahren.

 **Tipp:** Die Pflanzenfarbstoffe der Heidelbeere üben eine stabilisierende Wirkung auf die Blutgefäße, besonders im Kopf aus. Heidelbeeren eignen sich als Mittel gegen Migräne und sind hilfreich bei geistiger Schwerstarbeit!

## Heidelbeer-Frischkäse-Aufstrich

*150 g Heidelbeeren / 250 g Frischkäse / 100 g Roquefort /*
*2 – 3 junge fein gehackte Gierschblätter /*
*Meersalz / Chili oder Cayennepfeffer*

Die Heidelbeeren werden gewaschen und gut abgetrocknet. Der Frischkäse, der mit einer Gabel zerdrückte Roquefort und der fein gehackte Giersch werden in eine Schüssel gegeben. Gewürzt wird mit etwas Salz und je nach Geschmack mit Chili oder Cayennepfeffer. Zum Schluss werden die Heidelbeeren hinzugefügt und die Masse vermischt. Vor dem Verzehr sollte der Brotaufstrich mindestens eine Stunde im Kühlschrank durchziehen.

## Heidelbeermarmelade aus roh gerührten Früchten

*1 kg Heidelbeeren / 800 g Vollrohrzucker / 3 EL Pektin*

Die Heidelbeeren werden gewaschen und sehr gründlich verlesen – schadhafte Beeren würden die Haltbarkeit dieser Delikatesse beeinträchtigen! Anschließend werden die Beeren gut abgetrocknet – am sichersten auf Küchenpapier oder einem Baumwolltuch, das sich dadurch allerdings verfärbt!
Die vorbereiteten Heidelbeeren werden in eine Schüssel gegeben, mit dem Zucker und dem Pektin versetzt und mit einer Gabel ein wenig zerdrückt. Mit einem Handrührgerät wird die Masse so lange gerührt, bis sich der Zucker vollkommen gelöst hat. Hat sich auf der Masse ein feiner, weißer Schaum gebildet, ist die Marmelade fertig und kann in gut gereinigte Gläser gefüllt werden, die sofort fest zu verschließen sind.
Im Kühlschrank hält sich diese Marmelade etwa ein halbes Jahr.

 **Tipp:** Probieren Sie diese Marmelade über Eis, zu Eierkuchen oder auf Toast!

# Schwarzer Holunder

## Sambucus nigra

*Alhorn, Elhorn, Eller, Flier, Haler, Holder, Holderbusch, Holler, Hitschel, Keilken, Kisseke, Pisseke, Schetschke, Schirbike, Zibke*

Kaum jemandem, der beim Schlendern durch die heimatliche Natur auf ihn trifft, dürfte bekannt sein, dass der Holunder neben Wacholder, Pappel, Esche und anderen in den Kreis der heiligen Bäume gehört.

*Die alten Germanen benutzten ihn auf verschiedene Weise beim Bestatten ihrer Leichen. Sie nahmen mit einer Holunderrute die Maße des Leichnams für den Sarg, und der Fuhrmann, der die Leiche chauffierte, trug an Stelle der Peitsche einen Holunderstock. Gepflanzt wurde schließlich auf das Grab des teuren Verstorbenen – wen wundert es? – ein Holunderstrauch. (Möge Odin in Holunder schwelgen …) Auch dürfte kaum bekannt sein, dass der Holunder als Wetterprophet gute Dienste tut und tat; die Blüten öffnen sich auf den Tag genau vier Wochen vor der Getreidemahd (deshalb hat er wohl früher an fast keinem Bauernhaus gefehlt) und, dies stelle man sich einmal vor, die Beschädigung des Holunderbusches galt als persönliche Beleidigung. Sein Holz benutzte man zur Schuhherstellung. Aus dem festen Holz wurden Nägel bereitet, mit denen die Schuhsohlen gehalten wurden.*
*Nun, im Lauf der Zeit hat sich einiges geändert; der Schreiner misst, wenn er misst, mit einem Zollstock, auf die Gräber kommen Blumen (die Friedhofsverwaltung würde verrückt spielen, wenn stattdessen überall Hollerbüsche gedeihen würden), die Bauern setzen bei der Voraussage des Wetters in der Getreidemahd auf andere, technische Hilfsmittel, auch die Schuhe werden heute nicht mehr zusammengenagelt … Warum also ist trotz allem dieser Strauch noch immer nicht in Vergessenheit geraten? Dafür gibt es eine*

*einfache Erklärung: Die ganze Pflanze ist eine gesundheitsfördernde Apo-*
*theke, deren »Arzneien« obendrein – wenn man sich die Mühe macht und*
*sie selbst sammelt – zum Nulltarif zu haben sind und die zudem auch noch*
*recht manierlich schmecken.*

In den Blüten befinden sich ätherische Öle, organische Säuren, Gerbstoffe, Saponi-
ne und Rutin, und die Beeren haben neben einem hohen Zuckergehalt auch
viele Vitamine wie Provitamin A, Vitamine der B-Gruppe (besonders reichlich
Vitamin $B_1$ und $B_6$) und viel Vitamin C.
Gesammelt werden die Blüten voll erblüht und nur bei trockenem Wetter, die
Blätter vor der Blüte, die Rinde im Frühjahr, die Wurzeln und Beeren im Herbst.
Die Blüten wirken, als Tee genossen, schweißtreibend und helfen somit bei
Erkältungskrankheiten; ferner können wir aus ihnen herrlich erfrischende oder
gar leicht alkoholische Getränke zaubern (zum Beispiel den bekannten Holun-
dersekt). Äußerlich angewendet, regen sie die Durchblutung an. Blätter, Rinde
und Wurzeln sind harntreibend, leicht abführend, blutreinigend und stoffwech-
selanregend – bei den Beeren kommt daneben noch eine kontraneuralgische
Wirkung gerade bei Nervenschmerzen, Ischias oder Hexenschuss hinzu. Aber
Vorsicht, keine rohen Beeren essen! Bei empfindlichen Personen können sie
Übelkeit und Brechreiz hervorrufen.

**Sammelzeit:** Blüten: April bis Juni; Früchte: August bis Oktober

**Standorte:** in Hecken, Gebüschen, an Waldrändern, auf Ödland, in lichten,
feuchten Wäldern

**Verwendbare Pflanzenteile:** Blütendolden, Früchte

# Jacobs Kefirkäse
## mit Holunderblüten

*10 l Milch ergeben etwa 1 kg Käse*

*Kefirferment / Milch / 1–2 Holunderblütendolden / Meersalz*

Das Kefirferment (erhältlich in jedem Reformhaus) versetzt man nach Vorschrift mit zimmerwarmer Milch und lässt es mindestens über Nacht, besser 24 Stunden, bei Zimmertemperatur ruhen, bis die Säuerung abgeschlossen ist. Dann wird es vorsichtig erwärmt (niedrigste Stufe!), wobei sich der Bruch bildet bzw. ausflockt und sich zugleich sichtbar von der Molke trennt (die Molke sollte leicht grünlich und klar sein). Es ist ganz wichtig, dass die Masse nun etwa eine Stunde warm gehalten wird, damit der Bruch sich verfestigen kann. In der Zwischenzeit werden die Holunderblütendolden gewaschen, zerkleinert und mit ein wenig Meersalz vermengt. Der Bruch wird durch einen Durchschlag, in dem ein sauberes Tuch liegt, abgegossen, mit den Holunderblüten vermischt und über Nacht in einer Käsepresse verfestigt. Die Lagerung und Reifung erfolgt im Kühlschrank und dauert zwei bis drei Tage. Der Käse hält sich etwa acht Tage. Probieren Sie diesen Käse ruhig auch einmal ohne Kräuter- oder Blütenzugabe und legen Sie ihn in Ihr aromatisiertes Öl.

 **Tipp:** Die frische Molke mit Zucker, Holunderblüten (können ganz bleiben) und Wein- bzw. Bäckerhefe versetzen und in ein passendes Gefäß füllen (große Weinflasche), das mit Gummipfropfen und Gärröhrchen verschlossen wird. Das ergibt ein äußerst aromatisches, je nach Zuckerzugabe leicht alkoholisches, sektähnliches Getränk, das allerdings nur eine geringe Haltbarkeit hat.

*Ich hatte ein solches Gefäß über Wochen hinweg einfach im Freien stehen gelassen. Der gesamte Zucker hatte sich während dieser Zeit in Alkohol verwandelt. Das Getränk hatte sich auch vollkommen geklärt, und hätte ich, was ich versäumte, den Schlamm abgezogen, wäre in der Tat ein recht interessantes alkoholisches Getränk entstanden. So aber schmeckte es leicht käsig und war von trockener, leicht herber Natur.*

**Tipp: Improvisierte Käsepresse**
Den Deckel von einer Konservendose entfernen und mit einem Nagel
mehrere Löcher einschlagen. Ein Baumwolltuch (Windel) dient zum
Auslegen der Dose. Den Käse einfüllen, mit dem Tuch bedecken und
gereinigte und eventuell in Pergamentpapier eingewickelte Steine als
Gewichte darauf legen. Molke abtropfen lassen.

## Gebackene Holunderblüten (Holderküchli)

Die Blütendolden sollten immer möglichst in der Mittagssonne gepflückt werden. Dabei bedenken, wo man erntet, gerade im Frühjahr spritzen viele Bauern
Pestizide und andere »Pflanzenschutzmittel«. Man sollte die Blüten wegen der
Gefahr durch den Fuchsbandwurm am Besten über Kopfhöhe pflücken. Wer sie
unbedingt nass reinigen, also waschen will, sollte sie nur vorsichtig abbrausen
und ihnen im Anschluss an diese Prozedur Zeit zum Trocknen geben.

*12 Holunderblütendolden / Öl zum Backen /*
*etwas Löwenzahnblütengelee (siehe Seite 114)*

**Für den Ausbackteig:**
*250 g feines Weizenmehl / 4 Eier / etwas Meersalz /*
*Vollrohrzucker nach Geschmack / etwas Milch*

Die Zutaten für den Ausbackteig werden verrührt, die trockenen Blüten (sie
müssen natürlich einwandfrei sein!) hineingetaucht und in gutem Öl goldgelb
ausgebacken. Anschließend richtet man sie auf einem vorgewärmten Teller an
und besprenkelt oder begießt sie mit ein wenig Löwenzahnblütengelee.

 **Tipp:** Meiden Sie Ackergrenzen und Feldränder beim Ernten, machen
Sie um Plantagen (außer Streuobstwiesen) natürlich einen weiten
Bogen.

# Holunderblütensirup

*ergibt etwa 1 l*

*10 – 12 saubere und bei trockenem Wetter
gepflückte, schöne Holunderblütendolden /
1 l abgekochtes, erkaltetes Wasser / Saft einer Zitrone / 1 kg Vollrohrzucker*

Die Blüten in ein Gefäß, zum Beispiel einen Eimer, geben, das Wasser aufgießen und den Zitronensaft dazugeben. Dann die Blüten mit einem Teller bedecken, der in das Gefäß passt, und diesen mit einem sauberen Stein beschweren. Die Blüten müssen vollkommen vom Wasser bedeckt sein! Über Nacht an einem kühlen Ort ziehen lassen. Am nächsten Tag abseihen und dem so gewonnen Holunderwasser den Zucker beigeben. Die Flüssigkeit muss nun so lange mit einem Handrührgerät verrührt werden, bis sich der Zucker restlos gelöst hat! Der Sirup wird in eine dunkle Flasche gefüllt und kühl aufbewahrt. Bei richtiger Herstellung und Lagerung hält er sich über ein Jahr.

**//** **Bitte beachten Sie beim Sammeln:** Da die Holunderblüten nicht gewaschen werden, sollten sie über dem Kopf gepflückt werden, damit weder ein Hund noch ein Fuchs oder sonstige »Verschmutzer« sie verunreinigt haben können. Ich bevorzuge die trockenen Tage nach Regen, da die Blüten dann von der Natur gewaschen wurden!

**//** **Tipp:** Holunderblütensirup kann überall dort verwendet werden, wo Süße angesagt ist und bietet eine Fülle neuer Rezeptideen! Probieren Sie ihn ruhig einmal als Limonade, zu Eierkuchen, im Frischkäse oder Salat!

# Holundersekt

*ergibt 5,2 l*

*3 sehr große Holunderblütendolden / 1 unbehandelte Zitrone /*
*⅛ l guter Weinessig / 500 g Vollrohrzucker / 5 l abgekochtes Wasser*

Man spült die Holunderblütendolden sorgfältig ab und legt sie zusammen mit
der in Scheiben geschnittenen Zitrone in einen großen Tontopf mit sechs bis
sieben Liter Fassungsvermögen. Darüber gießt man den Weinessig und streut
den Vollrohrzucker darüber. Wenn sich der Zucker gelöst hat, wird das abge-
kochte Wasser aufgegossen, gut umgerührt und der Saft nach drei Tagen in
dickwandige Flaschen gefüllt, die gut verschlossen werden. Wichtig: kalt stellen! Nach etwa zehn Tagen ist der erfrischende Holundersekt genussfertig.

# Holundersaft

*1 kg Holunderbeeren / Saft einer Zitrone /*
*etwa 300 g Vollrohrzucker /*
*½ Vanillestange*

Die Beeren werden von den Stielen gezupft und in einen Topf gegeben. Es wird so viel Wasser aufgegossen, dass die Beeren bedeckt sind. Zitronensaft, Vollrohrzucker nach Geschmack und die halbe Vanillestange gibt man hinzu. Das Ganze wird 20 Minuten gekocht und anschließend abgefiltert. Den Saft, der übrigens sehr gut schmeckt, lässt man durch ein im Durchschlag liegendes Geschirrtuch langsam ablaufen (bitte kein gutes Geschirrtuch verwenden, es wechselt unwiderruflich die Farbe!). Danach wird er abermals aufgekocht und in kleinere saubere Flaschen abgefüllt.

 **Tipp:** Diesen Saft nimmt man im Winter, wenn es draußen richtig kalt ist, trinkt ihn heiß und süß oder gibt ihn, etwas eingedickt, zu Hefeklößen. Oder aber – ein Geheimtipp – man mischt ihn zu gleichen Teilen mit Rotwein, gibt neben braunem Zucker Nelken, Zimt und Zitronenschale hinzu, erhitzt ihn und genießt einen ganz besonderen Glühwein.

## Holundergelee
## mit Geliermittel

*1 kg Holunderbeeren /*
*500 g Vollrohrzucker oder Agavendicksaft /*
*Geliermittel Agar-Agar oder Pektin (Menge nach Herstellerangabe)*

Die Holunderbeeren werden sauber verlesen und entsaftet. Mit Vollrohrzucker und Geliermittel vermengt, werden sie so lange gekocht, bis die Gelierprobe gelingt. Dann füllt man sie in saubere Gläser, die man gut verschließt.

 **Tipp:** Wer keinen Entsafter hat, kann folgende Methode versuchen: 1 kg Beeren wird mit ½ l Wasser zehn Minuten lang aufgekocht, durch ein Tuch gepresst (bleibt für immer gefärbt, übrigens sind auch Ihre Hände ziemlich dauerhaft gefärbt, wenn Sie hierbei keine Handschuhe tragen!) und der Saft mit Vollrohrzucker und dem verwendeten Geliermittel zu Gelee weiterverarbeitet.

## Holundergelee
## ohne Geliermittel

*etwa 1 kg Holunderbeeren für ½ l Saft / 400 g Vollrohrzucker*

Die Holunderbeeren werden verlesen und sämtliche Grünteile entfernt. Dann werden die Beeren in der Fruchtsaftpresse entsaftet. Der Saft wird zusammen mit dem Vollrohrzucker eingekocht, bis die Gelierprobe gelingt. Dann wird das Gelee noch heiß in saubere Gläser gefüllt und fest verschlossen.

# Holunderbeermarmelade

*1 kg Holunderbeeren / 800 g Vollrohrzucker / eventuell Honig /*
*Geliermittel Agar-Agar oder Pektin (Menge nach Herstellerangabe)*

Die sauber verlesenen reifen Beeren werden mit dem Vollrohrzucker vermengt und anschließend mit einer Gabel zerdrückt. Ein Teil des Vollrohrzuckers (maximal die Hälfte) kann durch Honig ersetzt werden. Mit einer noch größeren Honigmenge leidet der fruchtige Geschmack. Man lässt die Marmelade abgedeckt über Nacht stehen und kocht sie am nächsten Tag so lange, bis die Gelierprobe gelingt. Dann füllt man sie in gut gereinigte Gläser ab.

 **Tipp:** Wem die kleinen Kerne zu viel sind, sollte das Mus vor dem Kochen passieren.

# Holunderbeerkompott

*1 kg Holunderbeeren / 400 g Vollrohrzucker /*
*Geliermittel Pektin (Menge nach Herstellerangabe)*

Die Beeren werden sorgfältig verlesen und gewaschen. Nach dem Abtropfen werden sie vorsichtig mit dem Vollrohrzucker und mit Pektin vermengt und über Nacht stehen gelassen. Am nächsten Tag wird das Kompott in saubere Gläser gefüllt und im Wasserbad (Gläser sollten zur Hälfte im Wasser stehen) 25 Minuten bei 85 °C eingekocht.

 **Tipp:** Das Kompott schmeckt besonders gut zu Pudding oder erhitzt über Hefeklöße.
Verwenden Sie auch einmal Apfel- oder Birnendicksaft oder Traubenzucker nach Geschmack, und Sie haben den hundertprozentigen Fruchtgenuss! Das Kompott kann auch mit Sago, Johannisbrotkernmehl, Kartoffelstärke oder Getreideflocken statt mit Pektin ein wenig eingedickt werden. Der Fantasie sind dabei kaum Grenzen gesetzt.

# Holunder-Chutney

*1 kg Holunderbeeren / 2 – 3 sehr große Zwiebeln /*
*1 TL gemahlener oder ein Stück frischer Ingwer /*
*5 – 6 EL Vollrohrzucker / 1 TL Meersalz /*
*frisch gemahlener schwarzer oder weißer Pfeffer / 0,7 l Apfelessig*

Die Beeren werden sorgfältig verlesen und in einem Topf mit einer Gabel zerdrückt. Anschließend würfelt man die Zwiebeln und gibt sie an das Holundermus. Die Masse mischt man mit geriebenem Ingwer, Vollrohrzucker, Meersalz, Pfeffer nach Geschmack und Apfelessig und lässt sie bei mittlerer Hitze langsam gar köcheln, bis eine zähflüssige Masse entsteht. Sie wird heiß in Gläser gefüllt, die gut verschlossen werden.

# Holunderwein

*ergibt 5 l*

*Tiefrot und schwer steht der Wein im Ballon, den ich hin und wieder akribisch
poliere, um der besonderen Farbgebung des Holunderweines zu huldigen.*

### Ansatz für leichten Wein:
*2,5 kg Holunderbeeren / 700 g Zucker / 2,9 l Wasser*

### Ansatz für schweren Wein:
*2,5 kg Holunderbeeren / 1,7 kg Zucker / 2,2 l Wasser*

Man erntet nur die reifen Früchte und streift die Beeren gründlich von den
Dolden. Dann werden die Beeren gut gewaschen, abgetropft und zerkleinert
und anschließend in einem emaillierten oder einem Holzgefäß mit zwei Dritteln
der vorgegebenen Wassermenge übergossen. Nun setzt man die Weinhefe und
den Zucker zu (bei einem leichten Weinansatz den gesamten Zucker, bei schwerem Weinansatz zunächst nur ein Drittel des Zuckers). Mit einem sauberen
Tuch bedeckt, wird der Weinansatz 24 Stunden stehen gelassen und anschließend durch ein Tuch gepresst. Zur weiteren Vorgehensweise siehe Kapitel »Hausweinbereitung« ab Seite 23.

## Holunderlikör aus Obstbrand
*ergibt 1 l*

*500 – 600 g Holunderbeeren / 0,7 l Obstbrand /*
*300 – 400 g Vollrohrzucker / 1 Zimtstange*

Die Holunderbeeren werden gründlich gereinigt, die Grünteile entfernt und die Beeren in einem Durchschlag gut trocknen gelassen. Zusammen mit Obstbrand, Vollrohrzucker und der Zimtstange gibt man sie anschließend in einen Steintopf und lässt sie an einem warmen Ort gut sechs Wochen ziehen. Danach seiht man die Beeren ab und füllt den Likör in dekorative Flaschen.

## Holunderlikör aus Weinbrand
*ergibt 1 l*

*1 kg Holunderbeeren / maximal 1/8 l Flüssigkeit (Wasser, Obstsaft) /*
*300 g Vollrohrzucker / 0,7 l Weinbrand*

Die Beeren werden gereinigt und unter Zugabe von etwas Flüssigkeit erhitzt, bis sie platzen. Die Masse streicht man durch ein Sieb, vermengt sie noch heiß mit Vollrohrzucker und lässt sie abkühlen. Anschließend wird der Brei mit Weinbrand gemischt und sechs Wochen an einem warmen Ort ziehen gelassen. Danach filtert man ihn ab (Kaffeefilter) und füllt den Holunderlikör in kleinere Flaschen.

 **Tipp:** Das Filtrat nicht wegwerfen! Mit Vollrohrzucker versetzt und in ein fest verschlossenes Glas gefüllt, hält es sich im Kühlschrank mehrere Wochen. Verwenden Sie es als ungewöhnliche Zutat zum Glühwein oder machen Sie daraus zusammen mit Mineralwasser und Weißwein eine besondere Silvesterbowle. Setzen Sie diese Bowle unbedingt mit frischem Ingwer an – Sie werden begeistert sein!

# Große Klette und Kleine Klette

## Arctium lappa und Arctium minus

*Bolstern, Haarballe, Haarwachswürze,*
*Kinderblätter, Kinzel, Kirmsen,*
*Kirmsgästchen, Kladde, Kladdebusch,*
*Klebern, Klibe, Klibusch, Kliewen,*
*Klitzebusch, Klusen, Tabaksblatt,*
*Wolfskraut*

Heimisch in ganz Europa, Nordasien, Nordamerika ja sogar bis nach Afrika, wächst sie an Wegen, Hecken und auf Schutthalden. Die Große Klette kann bisweilen durch ihre Größe bestechen – ich las von Exemplaren, die die stattliche Höhe von 3 Metern erreicht haben sollen; selbst die Kleine Klette kann bis zu 1,50 Meter hoch werden. Kletten sind zweijährig; im ersten Jahr treiben sie ihre großen, herzförmigen Blätter aus, im zweiten einen großen, astähnlichen Stängel, an dem schließlich die rundlichen Blütenköpfe stehen. Die Kletten blühen purpurrot von Juli bis September. Wissenswert ist, dass die Kletten eine große Heilwirkung auf den Organismus haben. Sie sind mild abführend, schweißtreibend und somit stoffwechselanregend, regen die Gallentätigkeit an und sorgen für die Ausscheidung von Harnsäure. Bei äußerlicher Anwendung ist diese Pflanze zugleich ein Antibiotikum, das besonders gegen Furunkel und Abszesse (auch des Zahnfleisches) wirkt. In der Veterinärmedizin wird sie bei Räude und Haarausfall verwendet.

An Inhaltsstoffen sind besonders die große Menge an Inulin und ihre antibiotisch wirksamen Substanzen zu nennen. Schon 1964 isolierten Wissenschaftler aus dieser Pflanze eine gegen Tumorwachstum wirksame Substanz.

Auch im Aberglauben taucht die Klette auf. Danach heilt sie alle Schäden. Zu diesem Zweck schneidet man einen Klettenbusch ab und legt ihn ins Haus, bis er welk wird; hiernach muss er mit einem Faden, der nie gewaschen wurde, an der stärksten und dichtesten Stelle gebunden werden. Zuvor muss man sagen: »Klettenbusch, ich binde dich, dass du den Schaden heilst.« Mit dem doppelt genommenen Faden fährt man nun die erste Runde um den Busch und spricht:

»Im Namen Gottes, des Vaters« und macht einen Knoten, beim zweiten Umwickeln sagt man:»Im Namen Gottes, des Sohnes« und macht den zweiten Knoten, beim dritten Mal sagt man:»Im Namen des Heiligen Geistes« und macht den dritten Knoten: Zauberkundige achten darauf, dass kein Knoten vergessen wird, denn mit jedem Knoten wird die Krankheit oder der Schaden fester an die Pflanze gebunden. Die Pflanze wird aus dem Haus entfernt, das Übel ist gepackt und soll, so heißt es, mit ihr verschwinden.

Nicht um das Verschwinden, sondern vielmehr um das Hinzukommen geht es bei meinem nächsten Geheimnis, das sich mit der Schönheit des Haares beschäftigt. Ein Absud aus den gereinigten Wurzeln und den Blättern der Großen Klette, die zuvor in einem Mörser zerstoßen worden sind, wird mehrmals täglich über einen längeren Zeitraum auf das Haupt gegeben und muss von allein trocknen. Es heißt, dass dies schönes, langes, goldenes Haar macht (ein probates Mittel gegen Kahlköpfigkeit?) und dass selbst das Gedächtnis sich bessern solle ...

Für manche ist die Klette ein nutzloses, lästiges Unkraut – für andere ein dem Geschmack der Schwarzwurzeln ähnlicher Genuss.

 **Tipp:** Verwendet werden können sowohl die jungen zarten Stängel, als auch die älteren holzigen. Diese werden geschält, um an das Klettenmark zu gelangen. Es schmeckt verführerisch.

**Sammelzeit:** Mai und Juni bis September

**Standorte:** auf stickstoffreichen Unkrautböden wie Wegen und Mauern sowie Schuttplätzen

**Verwendbare Pflanzenteile:** Stängel, Blätter, Mark

# Klettensalat

*etwa 10 junge Triebe und junge Blätter der Klette /*
*Meersalz / Zitronensaft / 1 Spritzer Bärlauchöl / Muskatnuss /*
*Petersilie / Schafgarbe*

Die jungen Triebe der Klette werden vom Blattwerk befreit, in Stücke geschnitten und in etwas Wasser unter Zugabe einer Prise Salz gedünstet. Die Blätter wäscht man sorgfältig, zerteilt sie in zarte Streifen und zieht sie unter die abgekühlten Triebe. Gewürzt wird nach Geschmack mit Zitronensaft, Bärlauchöl, Salz, einem Hauch Muskatnuss, Petersilie und Schafgarbe.

 **Tipp:** Feiner Klettensalat: Den Klettensalat mit hart gekochten und gewürfelten Eiern und gestifteltem milden Käse verfeinern.

# Klettengemüse

*etwa 15 sehr junge Klettentriebe / Meersalz / etwas Vollrohrzucker /*
*2 EL Butter / 3 EL feines Grünkernschrot /*
*1 Ei / Saft einer Zitrone / süße Sahne*

Die Triebe der Klette werden vom Blattwerk befreit, in appetitliche Stücke zerteilt und zusammen mit Salz und Vollrohrzucker in Wasser bei mäßiger Hitze weich gedünstet (höchstens zehn Minuten!). Das Klettendünstwasser wird mit einer hellen Mehlschwitze aus frisch gemahlenem feinem Grünkernschrot und Butter angedickt und mit Ei, Zitronensaft sowie süßer Sahne verfeinert.

# Klettensprosssuppe

*500 g junge, zarte Klettenstängel / 1,5 l Gemüsebrühe / 50 g Butter /*
*3 EL Mehl / 3 EL Schmand oder saure Sahne /*
*1 Eigelb / Meersalz / Muskatnuss*

Die jungen Blattstiele werden von den Blattresten befreit und in fingerlange Stücke geteilt. Anschließend wird das so vorbereitete Gemüse in Gemüsebrühe weich gekocht. In der Zwischenzeit bräunt man die Butter an und bereitet mit dem Mehl eine Mehlschwitze. Diese wird mit der Kochbrühe aufgegossen und gut aufgekocht, die Klettenstückchen werden hineingegeben und beim Anrichten mit Schmand oder saurer Sahne und Eigelb glatt gerührt. Gewürzt wird mit Salz und etwas Muskat.

## Klettenauflauf

*100 g Grünkern / 500 – 700 g junge Klettentriebe / 2 Eigelb /*
*etwa 100 g Butter / 200 g würziger Käse / 1 Becher saure Sahne /*
*2 Eier / Meersalz / frisch gemahlener schwarzer Pfeffer*

Man weicht den Grünkern ein und lässt ihn quellen. Die jungen Triebe der Klette werden von den Blättern befreit und in etwa 3 cm lange Stücke geschnitten, in leicht gesalzenem Wasser nicht allzu weich gekocht und im Anschluss daran in einem Sieb zum Abtropfen beiseite gestellt. Aus Grünkern, Eigelb, 80 g Butter und geriebenem Käse bereitet man dann eine geschmeidige Masse. Nun wird eine Auflaufform gebuttert und das abgetropfte Gemüse hineingegeben. Man träufelt ein wenig ausgelassene Butter darüber und verteilt einen gehobelten würzigen Käse und die vorbereitete Grünkernmasse darüber. Die saure Sahne wird mit Ei, Salz und Pfeffer gemischt und über die Grünkernmasse gegeben. Nun wird der Auflauf im vorgeheizten Ofen auf der oberen Schiene bei 175 °C Ober- und Unterhitze etwa eine halbe Stunde gebacken.

## Gratiniertes Klettengemüse

*etwa 15 junge fingerstarke Klettentriebe / Meersalz / Fett für die Form /*
*⅛ l süße Sahne / Muskatnuss / 150 g Käse / Schafgarbenblätter*

Die Stängel der Klette werden in Stücke geschnitten und in Salzwasser al dente gegart. Anschließend lässt man sie abtropfen und schichtet sie dachziegelartig in eine gut gefettete Form. Die süße Sahne wird mit Salz und geriebener Muskatnuss abgeschmeckt und darüber gegeben. Im vorgeheizten Backofen backt man das Gemüse auf der oberen Schiene bei 200 °C Ober- und Unterhitze etwa 25 Minuten. Kurz vor Ende wird geriebener Käse darüber gestreut und das Gemüse kurz vor dem Auftragen mit frischen gehackten Schafgarbenblättern garniert.

# Knoblauchsrauke

## Alliaria petiolata

*Bärentatze, Knoblauchhederich,*
*Lauchhederich, Lauchkraut*

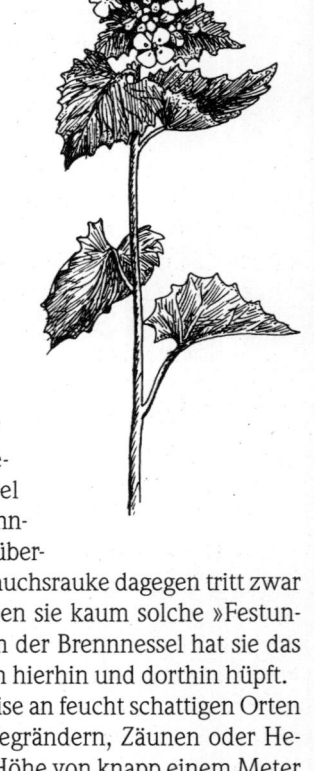

Die einen sagen, sie hätte eine gewisse Ähnlichkeit mit der Brennnessel, andere wiederum behaupten, die Knoblauchsrauke sähe wie Hederich aus. Ich denke, dass man beiden Meinungen zustimmen kann, denn gewisse Ähnlichkeiten mit beiden Kräutern lassen sich nicht leugnen. Für den erfahrenen Kräutersammler oder mit Hilfe eines Pflanzenführers ist es allerdings kein Problem, die Pflanzen voneinander zu unterscheiden. Am deutlichsten unterscheidet sich die Knoblauchsrauke allein schon durch ihre »Koloniebildung« von der Brennnessel. Die Brennnessel wächst über starke unterirdische Triebe, die die Brennnesselhorte immer optisch bündeln, ja zu einer unüberwindbaren Festung verwachsen lassen. Die Knoblauchsrauke dagegen tritt zwar stellenweise auch massenhaft auf, allerdings bilden sie kaum solche »Festungen«. Verglichen mit dem bedrohlichen Auftreten der Brennnessel hat sie das Gemüt eines leichtfüßigen Gauklers, der mal eben hierhin und dorthin hüpft. Heimisch in ganz Europa, trifft man sie vorzugsweise an feucht schattigen Orten in Laubwäldern, Gebüschen und entlang von Wegrändern, Zäunen oder Hecken an. Die vierkantigen Stängel erreichen eine Höhe von knapp einem Meter und sind von unten her mit nierenförmigen, hell- bis mittelgrünen Blättern besetzt, die sich nach oben hin merklich verkleinern und eine herzförmige, stark gezähnte Gestalt annehmen. Zu erklären ist dieser Umstand damit, dass sich auf diese Weise unbehindert Blüten bilden können, aus denen möglichst viele Samen entstehen sollen, die nicht durch eine zu große Beschattung an der Reife gehindert werden. Die Blüten der Knoblauchsrauke sind relativ unscheinbar und weiß, die ebenfalls vierkantigen Samenstände sehen wie kleine Böhnchen aus, in denen dann ähnlich wie beim Hederich kleine runde Samenkörner zur Reife gelangen. Diese Samenkörner haben in der Homöopathie eine gewisse Bedeutung. In Wein aufgekocht, sollen sie bei Nierensteinen und Koliken hilfreich sein. Dem frischen Kraut werden auch ausleitende Eigenschaften nachgesagt, weshalb es als Ingredienz bei Frühjahrskuren verwendet wird. Typisches

Merkmal der Pflanze ist der unwahrscheinlich kräftige Knoblauchgeruch, der sich beim Zerreiben der Blätter entwickelt.

An Inhaltsstoffen sind nennenswert: Knoblauchsöl, ätherische Öle, Saponin, Mineralien, Enzyme, Zucker und Vitamine.

Verwendet wird die frische ganze Pflanze vor der Blüte und die ausgereiften Samen.

In der Küche ist die Knoblauchsrauke universell einsetzbar, ob in Suppen, Salaten, Kräuterquark oder als Würze. Selbst die kleinen attraktiv dunkel gefärbten Samen geben süßsauer Eingemachtem den letzten Pfiff.

**Sammelzeit:** Blätter und Stängel: April bis Juni; Samen: August bis Oktober

**Standorte:** in ganz Europa in feucht schattigen Laubwäldern, unter Hecken, entlang von Zäunen

**Verwendbare Pflanzenteile:** Blätter, Samen

# Knoblauchsraukenkuchen

*für ein Backblech*

### Für den Hefeteig:
*250 g Vollkornmehl / ½ Würfel Hefe / 1 EL Vollrohrzucker /*
*etwas warme Milch / 1 Prise Meersalz /*
*Olivenöl für das Backblech*
*(Der Teig sollte dünn auf dem Backblech aufliegen.*
*Die Zutatenmengen können auch leicht erhöht werden,*
*um den Teiganteil des äußerst herzhaften Kuchens zu erhöhen.)*

### Für den Belag:
*500 g frische Champignons / Meersalz /*
*frisch gemahlener schwarzer Pfeffer / 2 gepresste Knoblauchzehen /*
*¼ l saure Sahne / 3 Hand voll gehackte Knoblauchsrauke /*
*4 Eier / 200 g würziger Käse*

Man gibt das Mehl in eine Schüssel und drückt in die Mitte eine Vertiefung, in die man die Hefe und 1 EL Vollrohrzucker gibt. Zusammen mit der warmen Milch und einer Prise Salz rührt man einen zähflüssigen Vorteig, den man wie gewohnt weiterverarbeitet.

Nachdem der Teig gegangen ist, wird ein gut mit Olivenöl gefettetes Backblech damit ausgelegt. Durch das Bestäuben des Teigs mit ein wenig Mehl kann das Ausrollen mit dem Nudelholz wesentlich vereinfacht werden.

Für den Belag werden die gereinigten Champignons in dünne Scheiben geschnitten, dachziegelartig auf den Teig gelegt und vorsichtig ein wenig eingedrückt. Im Anschluss daran werden Salz, Pfeffer und Knoblauch mit der sauren Sahne sowie den fein gehackten Blättern der Knoblauchsrauke (nach dem Reinigen trockenschleudern, so behält sie ihr Aroma und verwässert nicht) und den Eiern vermischt und auf den Pilzen verteilt. Zum Abschluss kommt der geriebene Käse darüber.

Der pikante Kuchen wird im vorgeheizten Ofen auf der mittleren Schiene bei 175 °C Ober- und Unterhitze etwa 35 Minuten gebacken.

**//** **Tipp:** Darauf achten, dass die Milch nicht zu heiß ist, da die Hefe sonst ihre Triebkraft verliert.

# Knoblauchsraukenpesto

*Pesto ist eine hervorragend schmeckende Würzpaste.*

*100 g Pinienkerne / 1 Hand voll Knoblauchsraukenblätter /
1 Knoblauchzehe / 150 g Käse (zum Beispiel Parmesan oder Pecorino) /
Meersalz / etwa 60 ml Olivenöl*

Die Pinienkerne werden in der Pfanne leicht gebräunt, mit dem Wiegemesser werden die frischen, trockenen, gut gereinigten Knoblauchsraukenblätter grob zerkleinert (zupfen geht auch). Im Mörser oder mit dem Pürierstab werden dann die frischen Blätter der Knoblauchsrauke und die gerösteten Pinienkerne zusammen mit dem Knoblauch zu einer Paste püriert. Geriebener Käse und Salz werden untergemischt. Durch langsames Unterrühren eines sehr guten Olivenöls wird die Paste cremig.

 **Tipp:** In kleine Gläser gefüllt und mit einer dünnen Schicht Olivenöl bedeckt, hält sich dieses äußerst eigenwillige und ebenso gesunde Pesto im Kühlschrank vier bis sechs Wochen.

# Knoblauchsraukendressing

*3 EL Olivenöl / 1 Knoblauchzehe / Meersalz /
frisch gemahlener schwarzer Pfeffer / 1 EL Blütensirup /
evtl. etwas Weißwein / einige Blätter der Knoblauchsrauke*

Je nach Salatmenge wird gutes Olivenöl mit dem fein gehackten Knoblauch, Salz, Pfeffer sowie Blütensirup vermengt. Man kann mit etwas Weißwein verfeinern. In diese Mischung werden die frischen, fein gewiegten Knoblauchsraukenblätter gegeben.

 **Tipp:** Passt gut zu bunten Salaten und über geschmortes Gemüse oder gebratenen Käse.

# Löwenzahn

## Taraxacum officinale

*Apostenwurzel, Augenmilchkraut, Augenwurz,*
*Bammbusch, Bärenzahnkraut, Bettseicher,*
*Butterblume, Düwelsblom, Eierbusch,*
*Eierkraut, Feldblume, Gelbe Wegwarte,*
*Große Ankenblume, Hundszahnkraut,*
*Kettenblume, Knabenblume, Kuhblume,*
*Kuhlattich, Laterne, Laternenblume,*
*Maienschöpfel, Maienzahn, Märzenblume,*
*Milchbleamel, Milchbusch, Milchdistel,*
*Milchrödelwurz, Milchschöpfe, Milchstöckel,*
*Pampelkraut, Pfaffenplatte, Pferdekraut,*
*Popenblume, Pusteblume, Röhrlkaut, Roßblume,*
*Saubleamel, Saurüssel, Saustochkraut, Scheerkraut,*
*Seichkraut, Schmalzbleamel, Sommerdornkraut,*
*Sonnenwirbelkraut, Sonnenwurzel, Wiesenlattich,*
*Wilde Zichorie*

Kaum eine Pflanze hat so viele volkstümliche Namen wie der Löwenzahn, den ich nur als Milchbusch kenne. Denke ich an ihn, sehe ich saftige Wiesen im Sonnenschein, die mit unzähligen goldenen Blüten übersät sind. Zu finden ist der Löwenzahn auf fetten Wiesen und Triften in Europa, Asien, Nordafrika und Amerika. Gelegentlich lebt die Pflanze als Epiphyt. Das heißt, sie lebt (nicht schmarotzt!) auf anderen Pflanzen wie Weiden, Kirschen, Eschen, Nussbäumen, von denen sie sich aber nicht ernährt. Die Blüten sind größtenteils goldgelb, seltener orangerot. Der Milchbusch ist vor allem für seine magenstärkende, tonische und harntreibende Wirkung bekannt – der Volksname »Bettseicher« spielt auf diese Eigenschaft unverblümt an.

Zum Löwenzahn steht in der »Praxis des Landmanns« von 1923 geschrieben: »Gegen den Löwenzahn, der auch unter die Unkräuter zählt, wird Bespritzen mit Eisenvitriollösung empfohlen. Ich habe aber zu meiner Freude nie gesehen, dass dieses Rezept zur Anwendung gekommen wäre. Erstens ist der Löwenzahn ein nahrhaftes Kraut (das sogar der Mensch als Salat isst), und dann – betrachte man einmal im Frühling eine mit Löwenzahn bestandene Wiese am Dorf, wenn die Sonne am Himmel aufgeht, und tausende kleiner goldener Sönnchen im Grase sich öffnen, um ihr Licht zurückzustrahlen. Ich möchte doch wissen, ob die Schönheit in der Welt ein so wertloser Firlefanz geworden ist, dass ausgerechnet wir Landleute sie völlig übersehen und zu bloßen Rechenmaschinen werden sollten.« Ach ... und das Herz geht einem auf!

Besondere Inhaltsstoffe der Wurzeln sind neben Bitterstoffen, Cholin und Fruktose auch Inulin (besonders interessant für Diabetiker) und Vitamin D. In Blättern und Blütenstängeln sind Glyzerin, Kautschuk, Aminosäuren, viel Vitamin C und Mineralstoffe zu finden.

Als Bittermittel regt der Löwenzahn die Sekretion der Verdauungsdrüsen an. Die im Herbst gesammelte und dann äußerst inulinreiche Wurzel wird geröstet und als Kaffee getrunken.

In der Homöopathie wird die frische Pflanze bei Hepatitis, Gastritis, Reizblase, einfacher Gelbsucht sowie Nierenentzündung eingesetzt. Außerdem soll sie Fettsucht, Gicht, Rheumatismus und bestimmten Formen des Diabetes entgegenwirken. In vielen Ländern wird sie auch als Volksmedizin gegen Warzen und Krebs eingesetzt.

Wenn das nicht Argumente genug sind!? Guten Appetit!

**Sammelzeit:** Blätter: März bis Juli; Blüten: April bis Juli; Wurzeln: Herbst

**Standorte:** fette Wiesen und Triften

**Verwendbare Pflanzenteile:** Blüten, Blätter, Wurzel

## Roher Löwenzahnsalat

*Der eine mag seinen Salat von Öl triefend, die andere nur mit saurer Sahne oder Joghurt, die Nächste gar wird fassungslos, wenn die Schüssel nicht nach Zitrone duftet. Lassen Sie Ihren Empfindungen bei der Bereitung eines Salates freie Hand, würzen Sie mit den Fingern, schwappen Sie Essig oder Öl der Nase nach!*

*4 Hand voll Löwenzahnblätter /*
*mindestens 2 Zwiebeln (nach Geschmack) /*
*Joghurt oder saure Sahne / Honig oder Vollrohrzucker /*
*Schafgarbe / Petersilie*

Die zarten Blätter des fast erblühten Löwenzahns werden gepflückt und gründlich gereinigt. Man schält die Zwiebeln und schneidet sie in feine Ringe. Aus Joghurt oder saurer Sahne, Honig oder Vollrohrzucker bereitet man einen recht herzhaften süßen oder sauren Dip mit Schafgarbe und Petersilie als Würzkräuter und gibt ihn auf den Salat (schmeckt angenehm bitter).

 **Tipp:** Übrigens schmecken auch die zarten Knospen des Löwenzahns, die man auch zu Kapern (siehe Seite 76) verarbeiten kann, in einem Salat sehr gut.

## Gedünsteter Löwenzahnsalat

*etwa 20 Löwenzahnpflänzchen / Meersalz /*
*Beifußöl nach Geschmack / 1 Zwiebel /*
*Zitronenmelisse / Essig / 1 EL Löwenzahnblütengelee (Seite 114)*

Die zarten Löwenzahnpflänzchen werden ein Stück unter der Erde abgestochen, die äußeren Blätter entfernt, das Wurzelstück sauber geschabt und die ganzen Pflanzen gründlich gereinigt. In leicht gesalzenem Wasser dünstet man sie schließlich einige Minuten, richtet sie nach dem Abtropfen in einer Schüssel an und würzt mit Beifußöl, Zwiebelwürfeln, Zitronenmelisse, Essig, Meersalz und Löwenzahnblütengelee.

**Tipp:** Dieser Salat kann durch die Zugabe von Mungbohnensprossen oder anderen Sprossen aufgepeppt werden.

# Gemischter Frühlingssalat
## in süßer Marinade

*Dieses Rezept sollte man rechtzeitig planen – der Sirup für die süße Marinade muss schon tags zuvor vorbereitet werden!*

### Für den Salat:
*je 1 Hand voll Birkenblätter, Gänseblümchenrosetten,*
*Franzosenkrautblätter, Löwenzahnblätter, Brennnesselblätter, Wegerich*
*(bei Löwenzahn und Brennnesseln junge zarte Pflanzen wählen) /*
*100 g milder aromatischer Käse / 4 Eier / 1 Knoblauchzehe*

### Für die Marinade:
*4 Hand voll Löwenzahnblüten / 1 Hand voll Schlehdornblüten /*
*200 g Vollrohrzucker / Öl / Meersalz / frisch gemahlener schwarzer Pfeffer /*
*Saft einer halben Zitrone oder Kräuteressig / Meerrettich*

Die Wildkräuter werden gereinigt, klein geschnitten und gut durchmischt. Der Käse wird gewürfelt und darunter gehoben, die hart gekochten Eier in Scheiben geschnitten und alles vorsichtig in einer mit Knoblauch ausgeriebenen Schüssel angerichtet. Die tags zuvor gepflückten und mit etwas Wasser aufgekochten Löwenzahnblüten (siehe Löwenzahnblütengelee, Seite 114) versetzt man mit einer Hand voll Blüten des Schlehdorn und gießt durch ein Tuch ab. Den verbleibenden Saft (knapp ½ l) kocht man mit Vollrohrzucker etwas ein. Die benötigte Menge dieses Sirups wird nach dem Erkalten mit einem guten Öl, Meersalz, Pfeffer, dem Zitronensaft oder Kräuteressig und Knoblauch abgeschmeckt und über den Salat gegossen. Der Rest des Sirups kommt in eine Flasche und gehört in den Kühlschrank!
Mit frisch geriebenem Meerrettich verfeinert, ist der Salat eine Delikatesse!

 **Tipp:** Im Monat Mai grünt zart, anscheinend in das Frühjahr verliebt, die Birke. Ich möchte behaupten, sie ist der schönste Baum, den das Frühjahr hervorbringt. Ob allerdings die Geschichte mit der anregenden Wirkung bei Sexualschwäche stimmt ...? Hier das Rezept für das Birkenknospen-Aphrodisiakum – zum Ausprobieren: Die Knospen im Vorfrühling sammeln, 100 – 150 g in 1 l Wasser geben, gut zehn Minuten kochen lassen und täglich zwei bis drei Tassen trinken!

## Löwenzahnblütengelee

*200 Löwenzahnblüten / 1 l Wasser / Vollrohrzucker*

Die Blüten werden an einem sonnigen Tag gesammelt, mit dem kalten Wasser zum Kochen gebracht, drei Minuten langsam geköchelt, dann von der Feuerstelle genommen und 24 Stunden ruhen gelassen. Am nächsten Tag gießt man sie durch ein Tuch (zum Beispiel eine Baumwollwindel) und vermengt den Saft mit der gleichen Menge Vollrohrzucker. Auf kleiner Flamme wird das Gelee nun sehr langsam eingekocht.

Eigentlich ist dieses Gelee kein Gelee im herkömmlichen Sinn, es ist mehr ein Honigsirup wie die anderen »fruchtlosen« Gelees auch. Doch gerade deswegen lässt sich das Löwenzahngelee als Beigabe zu Salaten (auch der Kartoffelsalat schmeckt damit doppelt so gut!) und in der Vorweihnachtszeit in der Weihnachtsbäckerei vorzüglich einsetzen.

 **Tipp:** Der Saft darf nur eindicken, aber nicht geleeartig fest werden. Er kristallisiert sonst zu schnell im Glas.

## Löwenzahngelee mit grünem Pfeffer

*4 Hand voll Löwenzahnblütengriffel / 1 l Wasser /*
*1 unbehandelte Orange / 1 unbehandelte Zitrone /*
*600 g Zucker / 2 EL grüne Pfefferkörner /*
*Geliermittel Pektin (Menge nach Herstellerangabe)*

Löwenzahngriffel – das sind ausschließlich die goldgelben Blütenteile! – ernten, nicht waschen, sondern in einen Topf geben, mit dem Wasser versetzen, die Orange schälen und teilen – mit der Zitrone genauso verfahren – und alles, auch die Schalen, zu den Löwenzahngriffeln geben.

Die Blütengriffelmischung nun aufkochen und fünf Minuten leise ziehen lassen. Über Nacht kühl stellen.

Am nächsten Tag abseihen – am besten durch ein Baumwolltuch oder einen Kaffeefilter – und der Flüssigkeit den Zucker, die Pfefferkörner und das Geliermittel hinzufügen und nach Vorschrift zu Gelee verarbeiten.

Glückt die Gelierprobe, das Gelee sofort in saubere, fest verschließbare Gläser füllen und verschließen. Beim Einfüllen darauf achten, dass die Pfefferkörner gleichmäßig verteilt werden!

# Löwenzahngelee
## mit Pfefferminze

*Schmeckt köstlich aromatisch, beinahe exotisch, wenn man nicht wüsste, dass es »nur« Zutaten aus der heimischen Natur enthält.*

*200 Löwenzahnblüten / Vollrohrzucker / 1 Hand voll Pfefferminze*

Die Blüten werden gesammelt und wie im Rezept für Löwenzahnblütengelee weiterbehandelt (siehe nebenstehendes Rezept). Dann wäscht man die frische Pfefferminze ohne Stiele und lässt sie abtropfen (am besten in einem Tuch trockenschwenken). Die Blätter werden fein gehackt, unter das fertige Gelee gerührt und noch einmal kurz aufgekocht. Das Gelee wird dann heiß in die Gläser gefüllt.

# Löwenzahnblüten
## als Magenbitter
### *ergibt 0,7 l*

*20 – 30 Löwenzahnblüten /*
*0,7 l Kornschnaps (mindestens 40 Prozent Alkohol)*

Die Blüten werden sauber verlesen. Man füllt eine Literflasche gut halb voll mit Blüten, übergießt sie mit dem Kornschnaps, verschließt sie und lässt sie an einem warmen und sonnigen Ort vier Wochen ruhen. Nach dem Absieben und Filtrieren lagert man die Flasche im Keller.

 **Tipp:** Damit der Magenbitter ein besseres Aroma bekommt, kann er mit Orangenstückchen (mit Schale), die mit Gewürznelken gespickt wurden, und durch das Hinzufügen von Vollrohrzucker aromatisiert werden. Ich würde aber nicht mehr als 100 g Vollrohrzucker auf eine Literflasche verwenden; es wird sonst sehr süß.
Und noch etwas: Gießen Sie die alkoholischen Reste bitte nicht weg! Mit ihnen kann man auch später noch arbeiten, beispielsweise darin Beeren einlegen.

# Löwenzahndessertwein

*ergibt 5 l*

*Wer den berüchtigten Holunderblütensekt kennt bzw. endlich an das heiß ersehnte Rezept herangekommen ist, kann sich nun die Hände reiben. Löwenzahndessertwein ist die absolute Versuchung – ein Highlight des Selbstgesuchten und -gemachten!*

*1000 – 1500 Löwenzahnblüten*
*(etwa eine Einkaufstüte voll) / 4 l Wasser /*
*Schale einer unbehandelten Zitrone / Schale einer unbehandelten Orange /*
*5 Würfel Hefe / 2 kg Zucker (zum Beispiel Kandiszucker) /*
*1 Orange / evtl. einige Gewürznelken*

Die Löwenzahnblüten (hört sich mehr an, als es ist!) sollten bei trockenem Wetter und Sonnenschein gepflückt werden. Das Wasser wird darüber gegossen, die abgeriebenen Schalen je einer unbehandelten Zitrone und einer unbehandelten Orange hinzugegeben und bei kleiner Flamme etwa 20 Minuten geköchelt. Wer keine so großen Töpfe hat, kann die Masse auch ruhig teilen. Der Blütenbrei wird nach dem Abkühlen durch ein Tuch in ein großes Gefäß gefiltert, die Masse muss noch handwarm sein. Man gibt nun die in warmem Wasser aufgelösten Hefewürfel und den Zucker, gern auch Kandiszucker, hinein, ebenso eine große geschälte und entkernte Orange, die auch mit Nelken gespickt werden kann. Das Ganze lässt man dann an einem warmen Ort (zum Beispiel in der Küche) je nach Temperament vier, fünf oder sechs Tage gären. Vorsichtshalber sollte man ein altes Handtuch unterlegen, damit der entweichende Gärschaum (von Temperament zu Temperament verschieden!) sich gleich dort fängt. Danach wird der Wein in Flaschen gefüllt, sorgsam verschlossen und der »keimende« Likörwein für einige Wochen in den dunklen Keller gestellt. Die Flaschen müssen über den Korken verschnürt werden (die guten, alten Bügelflaschen funktionieren auch!), damit diese nicht aufknallen. Erst wenn das Getränk kristallhell ist, ist es genussfertig.

**//** **Tipp:** Im Handel erhältliche Bügelflaschen (Bier und Limonade) können problemlos verwendet werden. Bei wiederaufgefüllten Sektflaschen müssen die Korken mit einem Apothekerknoten gesichert werden; fragen Sie am besten in der nächsten Apotheke um Rat. Plastikflaschen oder Flaschen mit Plastikverschlüssen sind ungeeignet.

## Augenschmaus
*Eine tolle Geschenkidee!*

*0,7 l klarer Schnaps oder Kornschnaps (mindestens 40 Prozent Alkohol) /
einige dekorative Blüten / einige Löwenzahnwurzeln als Gewichte*

Der klare Schnaps wird mit dekorativen Blüten (können durchaus gemischt
werden) gefüllt. Da diese nicht gerne untergehen, sondern sich lieber auf der
Oberfläche des engen Flaschenhalses tummeln, werden sie mit kleinen Gewichten (die nur ein Sinken verursachen) beschwert. Es eignen sich die Blüten
von Heckenrose, Veilchen, Löwenzahn, Johanniskraut, Königskerze, Schafgarbe,
Weißdorn, Holunder, Klee, Hopfen, Wegwarte oder Quendel. Oder man nimmt
die wunderschönen leuchtend rot bzw. rosafarbenen Blüten des Sigmarskraut
*(Malva alcea)*. Dabei erntet man den Blütenschaft in solch einer Länge, dass
man durch den Stängel noch ein Stück Wurzel vom Löwenzahn schieben kann.
Dazu ist etwas Fingerspitzengefühl nötig, wenn man aber den Bogen raus hat,
sieht es toll aus und kommt immer gut an (auf dem Flaschenboden kann man bei
der Dekoration seiner Fantasie durchaus freien Lauf lassen: Zapfen, skurrile
Wurzelstückchen etc.).

 **Tipp:** Blüten und Pflanzenteile von giftigen Pflanzen dürfen natürlich nicht verwendet werden!

## Löwenzahnwurzelkaffee
*Nie hat Kaffeetrinken so viel Spaß gemacht!*

*Löwenzahnwurzeln / Milch*

Man gräbt die Wurzeln des Löwenzahns aus (nach ergiebigen Regenfällen kann
man sie sogar mühelos von Hand ausreißen), reinigt sie, zerteilt sie in kleine
Stücke und backt bzw. röstet sie entweder auf dem Backblech im Ofen oder in
einer Pfanne, bis sie schön braun sind. Nach dem Abkühlen mit kochendem
Wasser überbrühen (etwa 1 EL Wurzeln auf ¼ l kochendes Wasser) und mit
Milch genießen. Schmeckt angenehm bitter.

# Wilde Malve

## Malva sylvestris

*Gänsepappel, Hasenpappel,
Käsepappel, Kasköpfe, Kaskraut,
Käslein, Katzenkäse, Katzenkrallen,
Krallen, Krallenblum, Pappeln,
Rosspappel, Schafkas, Schwellkraut,
Sizikappel, Wesing, Ziegerli,
Zuckerplätzchenkraut*

Zwischen Unkraut, auf Schuttplätzen und zwischen alten Ruinen fühlt sich die Wilde Malve wohl, hier gedeiht sie zum Teil unkrauthaft, beinahe ekstatisch. Erkennen kann man sie schon von weitem an den wunderschönen rosafarbenen Blüten, die sich an drahtig niederliegenden bis aufsteigenden Stängeln (die Pflanze kann einen halben bis einen Meter hoch werden) im Sommerwind wie im Tanze wiegen, verliebt in die eigene Pracht, Hummeln und Bienen im Gefolge.

Inhaltsstoffe der Malve sind unter anderem Gerbstoffe, Stärke, ätherische Öle und Schleimstoffe.

Viele kennen die Malve vor allen Dingen als Tee, der auch als Hibiskustee bekannt ist. Der Hibiskus ist eine exotische Malvenart mit angenehm sauer-aromatischem Geschmack. Aber auch aus heimischen Malvenarten bereiteter Tee schmeckt gut und ist bekömmlich. In der Volksheilkunde wurden Blätter- und Blütenabkochungen bei Schleimhautentzündungen und Husten angewandt. Außerdem soll ein Tee aus Blüten oder Blättern wohltuend bei Katarrhen der Atemwege wirken. Äußerlich angewandt (Waschungen, Bäder) soll der Absud der Pflanze die Elastizität und den Feuchtigkeitsgehalt der Haut erhöhen.

Die Blüten der Malve wurden früher einmal zum Färben von Zuckerwaren verwendet. Eine andere Vertreterin der Malvengewächse, die Stockrose – auch Roseneibisch oder Eibischrose genannt –, diente vor noch nicht einmal allzu langer Zeit als Färberpflanze. Liebhaberinnen und Liebhaber gut angelegter Bauerngärten werden das vermutlich wissen. Gerade die Variante mit den schwarz-

purpurnen Blüten wurde um 1920 in einigen Gegenden Deutschlands ange-
pflanzt; die Blüten dienten zum Färben von Rotwein.
Der Brauch, einem Verstorbenen Blumen aufs Grab zu legen, stammt aus ural-
ten Tagen. Schon die Neandertaler betteten ihre Toten auf Blüten und würzige
Heilkräuter; neben Beifuß waren dies Malven, Schafgarbe, Flockenblumen und
einige andere. Man erklärt sich dies aus dem Seelenhaften der Blumen, die
durch ihre Blüten eng mit dem Makrokosmos verbunden sind, ja, den Verstorbenen den Weg dorthin auch wieder weisen sollen. Nirgendwo ist die Pflanzen-
seele der geistigen Ebene näher als in ihrer Blüte.

**Sammelzeit:** Mai bis August

**Standorte:** zwischen Unkräutern, auf stillgelegten Industrieanlagen, Schuttplätzen, Bahndämmen

**Verwendbare Pflanzenteile:** Blätter, Blütenblätter

# Malven-Kartoffel-Suppe

*500 g mehlig kochende Kartoffeln / Meersalz /*
*1 l Milch / Muskatnuss /*
*2 – 3 Hand voll Malvenblätter / Butter*

Die Kartoffeln werden geschält, in Salzwasser gegart und anschließend gestampft. Die Milch wird aufgekocht, unter die gestampften Kartoffeln gearbeitet und mit Salz und Muskatnuss gewürzt. Dann dünstet man die jungen, fein gehackten Malvenblätter in guter Butter etwa zehn Minuten und zieht sie kurz vor dem Servieren unter den Kartoffelbrei.

 **Tipp:** Dazu passen sehr gut die Malvenklößchen.

# Malvenklößchen

*250 g Malvenblätter / etwas Butter / 60 – 70 g Haferflocken / 1 Ei /*
*1 Zwiebel / Meersalz / frisch gemahlener schwarzer Pfeffer / Schafgarbe /*
*1 Vollkornbrötchen / Fett zum Backen*

Die Malvenblätter werden in guter Butter vorgedünstet, in der Küchenmaschine zerkleinert und mit den Haferflocken, die zuvor in etwas Wasser eingeweicht wurden, dem Ei, der klein geschnittenen Zwiebel, Meersalz, Pfeffer, gehackter Schafgarbe und dem geriebenen Brötchen verknetet. Anschließend backt man die Klößchen in heißem Fett von allen Seiten goldbraun.

# Wildkrautsuppe

*je 1 Hand voll Malven-, Taubnessel-,*
*Klee- und Birkenblätter, Malvenblütenblätter,*
*Wiesenbocksbart- und Klettenstängel /*
*Butter zum Braten / 1 Zwiebel / 1 Tasse Semmelbrösel /*
*1 l Gemüsebrühe / Meersalz /*
*frisch gemahlener schwarzer Pfeffer / Muskatnuss /*
*3 – 4 Blätter Schafgarbe, gezupft / 2 Vollkornbrötchen*

Die Wildkräuter werden sauber verlesen, sorgfältig gereinigt und grob gehackt. Man erhitzt ein gutes Öl oder gute Butter im Suppentopf und brät die Wildkräuter zusammen mit einer fein gewiegten Zwiebel sowie etwas Semmelbröseln (diese sollen die Suppe nur sämig machen) kräftig darin an. Anschließend löscht man mit Gemüsebrühe ab. Mit Salz, Pfeffer, Muskatnuss und frischer Schafgarbe (ruhig ein Sträußchen davon verwenden) wird die Suppe gewürzt. Vor dem Auftragen backt man die gewürfelten Brötchen in Butter recht braun und gibt sie hinzu.

## Kandierte Malvenblüten

*als Dekoration*

*500 g Zucker / 100 g Traubenzucker / 100 ml Wasser / Malvenblüten*

Aus Zucker und Wasser wird eine Zuckerlösung gekocht. Die Blüten werden in die warme, aber nicht heiße Zuckerlösung getaucht (auch andere Blüten wie Veilchen, Gänseblümchen, Heckenrose oder dekorativ aromatische Blätter eignen sich) und zum Abtropfen auf einen Durchschlag oder in ein Sieb gelegt.

# Meerrettich

## Armoracia lapathofolia

*Bauernsenf, Fleischkraut, Kren, Krien, Mährrettich, Märek, Marrettig, Mirch, Pfefferwurzel, Rachenputzer, Waldrettich*

Seine Heimat befindet sich im Süden Russlands und in Westasien. In Osteuropa kennt man ihn bereits seit dem Mittelalter, in Mitteleuropa verbreitete er sich jedoch nur allmählich, vorzugsweise an feuchten Orten. Heute ist der Anblick der Pflanze mit den tabakähnlichen Blättern aus unserem Breitengrad nicht mehr wegzudenken. Meerrettich ist mehrjährig, das heißt, er besitzt einen ausdauernden Wurzelstock – wobei das Wort »ausdauernd« in diesem speziellen Fall noch als pure Schmeichelei zu verstehen ist.

*Ich erinnere mich noch sehr genau an den ersten wirklichen Kontakt, der einer Kriegserklärung gleichkam: Als unsere Familie einen neuen Acker Land übernahm, stellten wir im Frühjahr erschrocken fest, dass sich auf der gesamten Fläche Meerrettich breit gemacht hatte – ein einzigartiges fruchtbares Meerrettichdorado sozusagen – was uns zwei Jahre Schwerstarbeit abverlangte, da man ihn nur mit Kreuzhacke und Spaten ausbürgern kann.*

Die einst »wilde« Pflanze wurde kultiviert, allerdings trifft man gelegentlich auf Ödland, an Feldrändern oder mit Gras überwucherten Wegen auf Kolonien des Meerrettichs, der sich dort ungestört entfalten konnte. Natürlich sind die Stangen nicht so stark wie beim kultivierten Meerrettich, allerdings hält er im Geschmack jedem Vergleich stand. Das Hauptanbaugebiet hierzulande ist Franken. Dort werden jährlich zwischen 50.000 und 60.000 Zentner (!) Meerrettichwurzeln geerntet und zum Teil auch vor Ort veredelt. Der Meerrettichanbau ist nach wie vor sehr arbeitsintensiv, da er noch heute in der Zeit der Industrialisierung mit sehr viel Handarbeit verbunden ist; Meerrettich ist eine »Hackfrucht« im wahrsten Sinne des Wortes. Dem nicht genug: Im März oder April müssen die starken Seitentriebe, die während der zurückliegenden Ernte als Stecklinge aussortiert werden – größtenteils von Hand in den gut gelockerten Boden gesteckt werden. Diese werden später während der Wachstumsperiode wiederum von Hand noch mehrmals »gehoben« und von Seitentrieben befreit. Schließlich wird der Meerrettich im Herbst durch einen Roder geerntet. Eingesammelt werden die Wurzeln dann wieder per Hand.

Der Vollständigkeit halber möchte ich erwähnt haben, dass es sogar ein Meerrettichmuseum (Adresse im Anhang, Seite 195) gibt, welches sich in Baiersdorf, der »Meerrettichstadt« schlechthin, befindet.

Zurück zur Pflanze: Die Laubblätter der Pflanze (bis 125 Zentimeter hoch) sind opulent grün, länglich oval, mit glattrandigen oder gezähnten Abschnitten, kräftig, langgestielt und ungleich eingekerbt. Der Blütenstand ist rispenartig und aus zahlreichen lockeren Trauben zusammengesetzt. Die langen, gelblich grauen, dicken Wurzeln sollte man im Herbst, vorzugsweise in den Monaten mit dem Buchstaben »r«, also ab September, ausgraben. Da die Blätter im Herbst an Kraft verlieren und allmählich verwelken, sollte man möglichst früh eine geeignete Stelle finden. Hier kann man dann – sofern die Witterung es zulässt – bis November/Dezember Wurzeln graben. Denken Sie aber auch daran, dass die Pflanze leben will. Verschließen Sie daher nach dem Ausgraben einzelner Wurzeln (nie die ganze Pflanze entfernen!) das Erdreich wieder, damit die Pflanze sich regenerieren kann.

In den Wurzeln ist ähnlich wie beim Schwarzen Senf viel von einem schwefelhaltigen Glykosid enthalten. Daneben sind noch reichlich ätherische Öle, Vitamin $B_1$ und C, flüchtige antibiotische Substanzen sowie Enzyme vorhanden. Medizinisch wird die hautreizende stimulierende Eigenschaft bei äußerlicher Anwendung genutzt. Innerlich angewandt, gilt der Meerrettich als harntreibendes Mittel (Diuretikum), hilft bei Gicht und Rheuma, bei Verdauungsstörungen und Harnwegsinfektionen, gegen Skorbut; neuerdings wird er auch als Teeaufguss bei Hepatitis A angewendet.

Dass man die Wurzel in den verschiedensten Varianten genießen kann, dürfte bekannt sein, dass man aber in Asien auch die jungen Blätter des Meerrettichs konsumiert, vielleicht nicht. Ergänzend sollte an dieser Stelle betont werden, dass die Wurzel vor dem Verzehr grundsätzlich nur gut gebürstet und nicht, wie so häufig fälschlich praktiziert, geschält wird.

**Sammelzeit:** Blätter: April bis Mai; Wurzel: September bis Oktober

**Standorte:** Ödland, Feldränder, mit Gras überwucherte Wege

**Verwendbare Pflanzenteile:** Wurzel, Blätter

## Warme Meerrettichblätter

*20 junge, saftige Meerrettichblätter / Meersalz / Öl zum Braten*

Die Meerrettichblätter werden gewaschen und mit kochendem Wasser überbrüht, sodass das Wasser ein wenig übersteht. Nach kurzem Abkühlen schichtet man sie in eine Schale oder einen Steintopf und streut etwas Meersalz zwischen die einzelnen Schichten. Die Schale oder den Steintopf deckt man mit einem Teller ab und lässt die Blätter einen halben Tag lang ziehen. Anschließend werden sie in gutem Öl angebraten und zu Vollkornbrot, Reis oder Grünkern serviert.

## Apfelmeerrettich

*6 große Äpfel / 1 EL Vollrohrzucker / 1 EL Weißwein /*
*Apfelessig nach Geschmack / 3 EL geriebener Meerrettich*

Die Äpfel werden gewaschen, gerieben und mit Vollrohrzucker, Weißwein, Apfelessig und geriebenem Meerrettich vermischt, sodass ein festes Mus entsteht.

## Meerrettichdip mit Ei

*2 hart gekochte Eigelb / 3 EL Weinessig /*
*3 EL geriebener Meerrettich / Vollrohrzucker / Meersalz*

Das Eigelb von zwei hart gekochten Eiern wird mit einem Holzlöffel zerdrückt und nach und nach mit Weinessig, geriebenem Meerrettich, Vollrohrzucker und Meersalz vermengt.

 **Tipp:** Meerrettich, zu Gurkenkonserven gegeben, soll die Gurken knackig halten.
Meerrettich immer nur kurz vor Gebrauch verarbeiten. Durch den Sauerstoff wechselt er schnell die Farbe und sieht dann nicht mehr appetitlich aus.
Frisch geriebener Meerrettich, auf einem guten Butterbrot gegessen, ist eine Delikatesse, die nicht nur die Nase frei macht, sondern auch das Hirn, denn man sagt, Meerrettich macht klare Gedanken.

# Meerrettichdip mit Sahne

¼ l saure Sahne / 3 EL geriebener Meerrettich / 1 EL Öl /
Meersalz / Vollrohrzucker oder Blütensirup

Saure Sahne, geriebener Meerrettich und Öl werden kräftig miteinander verquirlt und mit Salz und Vollrohrzucker abgeschmeckt. Anstelle von Vollrohrzucker ruhig auch einmal einen Blütensirup verwenden.

 **Tipp:** Ergibt ein prima Salatdressing für herzhaft bittere Salate.

# Meerrettichaufstrich

¼ l Milch / 2 EL Dinkelmehl / 1 EL geriebener Meerrettich /
Meersalz / Vollrohrzucker

Man verkocht Milch und Dinkelmehl zu einem Brei, den man anschließend abkühlen lässt. Dann fügt man nach und nach den geriebenen Meerrettich hinzu und würzt mit Meersalz und Vollrohrzucker.

# Meerrettichwasser

1 Meerrettichstange / klarer Schnaps (mindestens 40 Prozent Alkohol)

Freunden eines unverwechselbaren Tropfens sei an dieser Stelle einmal angeraten, das Stück einer geschälten Meerrettichstange in Alkohol zu geben und wenigstens sechs Wochen darin an einem warmen Ort zu belassen.
Schmeckt interessant, besonders nach einem zu gehaltvollem Menü.

# Pastinak

*Pastinaca sativa*

*Bastnägel, Dickmöhre, Duftmöhre, Gäli*
*Bangele, Hammelmöhre, Hirschfraß, Pastenei,*
*Pastinada, Pastornak, Schafwurz, Spindelwurz,*
*Wiesenweißwurz*

So kurios es klingen mag – Pastinaken sind seit
ihrer erstmaligen Erwähnung in Italien in der
Zeit des Klassischen Altertums und auch später derart häufig mit anderen Wurzelgemü-
sen (der damaligen Zeit) verwechselt worden,
dass es schwierig ist, den Beginn ihrer Kulti-
vierung annähernd genau zu datieren. Selbst das »Mor-
krut« der Hildegard von Bingen (1098 – 1172) ist nicht
zweifelsfrei zu identifizieren. Erst Kräutervater Hieronymus
Bock (16. Jahrhundert) beendete die Begriffsverwirrung weitestgehend. Er bezeichnet die Pflanze, die damals ein Grundnahrungsmittel der Bauern war, mit »Pestnachen«. Aus dieser Zeit stammen dann schließlich auch Berichte von »zahmen«
und »wilden« Pastinaken, was Rückschlüsse auf die Vergangenheit wie auch
auf die Kultur zulässt. Durch die Einbürgerung der Kartoffel im 18. Jahrhundert
verlor der Anbau der Pastinake allmählich an Bedeutung. Dieses Projekt wurde
von Friedrich dem Großen höchstselbst per »Kartoffelbefehl« in einer landeswei-
ten Kampagne vorangetrieben. Zuvor fristete die Kartoffel nahezu 150 Jahre ihr
Dasein als »Lustgartenpflanze« wegen des damalig kursierenden Aberglaubens,
dass es sich bei ihr um eine Frucht der Sünde handelte, die aus dem Speichel
des Teufels entstanden sei.
Auch im 20. Jahrhundert sind Pastinaken in unseren Breiten nur noch selten
angebaut worden. Verlangen Sie einmal ein Päckchen Saatgut in einem Fachge-
schäft. Nur wenn Sie großes Glück haben, kann der Verkäufer mit Ihrer Bitte
etwas anfangen. Verwildert steht die Pflanze noch heute auf Wiesen und entlang von Gräben, an Straßen- und Wegrändern. Ab dem Spätsommer ist sie gut
an ihren eindrucksvollen gelben Blütendolden, die auf hohen verzweigten Stängeln stehen, zu erkennen. Pastinaken blühen im zweiten Jahr. Obwohl die Blätter im Vergleich zur verwandten Möhre – beide sind Doldengewächse – größer
und nur einfach gefiedert sind, ist es schwierig, die jungen nicht blühenden
Pflanzen zwischen all dem »Grünzeug« um sie herum ausfindig zu machen,

zumal die Wildformen in puncto Größe wesentlich zierlicher ausfallen als ihre domestizierten Artgenossen. Auch die weiße bis hellgelbe Wurzel fällt kleiner aus. Sie weist größtenteils lediglich einen Durchmesser von rund einem Zentimeter und etwa zehn bis zwölf Zentimeter Länge auf. Beim Schneiden der Wurzel fällt die weiche, ein wenig watteähnliche Konsistenz auf, die auf einen ausgesprochen hohen Trockensubstanzanteil zurückzuführen ist. Eine Eigenschaft, die sich gerade in einer im Vergleich zu Möhren oder Kartoffeln wesentlich kürzeren Kochzeit niederschlägt. Pastinaken weisen einen hohen Stärke- und Zuckergehalt auf, dagegen enthalten sie wenig Eiweiß und Fett; an Mineralien ist Kalium reichlich vorhanden.

**Sammelzeit:** August bis Oktober des ersten Jahres, April bis Mai des zweiten Jahres

**Standorte:** an Wegen, Gräben, auf Getreideäckern, Bahndämmen, Schuttplätzen

**Verwendbare Pflanzenteile:** Wurzeln, Blätter

# Pastinaksuppe

*6 – 8 wilde Pastinaken / Meersalz / 400 g Kartoffeln /*
*frisch gemahlener weißer Pfeffer / Knoblauch / Schafgarbe /*
*Rainfarn / Beinwellblätter / 1 EL Butter / 1 – 2 EL feines Dinkelschrot*

Die Wurzeln der jungen Pastinakenpflanzen werden geschabt und zerteilt. In leichtem Salzwasser gart man zunächst die kleinen Kartoffelstückchen, würzt mit Salz, Pfeffer und Knoblauch und gibt die Pastinaken nach etwa einer Viertelstunde hinzu – sie garen sehr schnell. Einige fein gewiegte junge Triebe der Schafgarbe, ein Ästchen Rainfarn und eine Hand voll Beinwellblätter werden hineingegeben und können ruhig kurz mit aufgekocht werden. Mit einer goldgelben Mehlschwitze aus guter Butter und einem schmackhaften feinen Dinkelschrot verfeinert man die Suppe.

## Feine Pastinaksuppe

*8 wilde Pastinaken / 1 große Zwiebel /*
*250 g Kartoffeln / Olivenöl zum Braten / Kräutersalz /*
*1/8 l süße Sahne / Knoblauch / Muskatnuss*

Die Wurzeln der Pastinaken werden geschabt und zusammen mit der zerkleinerten Zwiebel und den gewürfelten Kartoffelstückchen in einem guten Olivenöl mit Kräutersalz angebraten, bis sie knusprig braun sind. Danach gibt man die frische Sahne dazu und schmeckt mit einem Hauch Knoblauch und etwas geriebener Muskatnuss ab.

# Pastinakgemüse

*8 – 10 wilde Pastinaken / 1 Zwiebel / Meersalz /*
*1 EL Butter / 2 EL Dinkelmehl /*
*frisch gemahlener schwarzer Pfeffer / Petersilie*

Die Pastinakwurzeln werden gereinigt, geschabt und anschließend gewürfelt. Unter Zugabe der gehackten Zwiebel werden sie anschließend in wenig leicht gesalzenem Wasser gedünstet, mit einer guten Mehlschwitze aus Butter und Dinkelmehl angedickt und mit Pfeffer und Petersilie gewürzt.

 **Tipp:** Dieses Gemüse passt sehr gut zu gegartem Einkorn, das ich immer in Wasser ansetze und im Kühlschrank einen Tag lang quellen lasse (so lässt sich die Garzeit der Körner erheblich verkürzen).

---

*Einkorn ist ein naher Verwandter unseres heutigen Weizens. Es wurde schon vor 7.000 bis 7.500 Jahren im Ursprungsgebiet von Euphrat und Tigris kultiviert. Selbst Ötzi, die Gletscherleiche, konsumierte es zu Lebzeiten. Einkorn ist ein Spelzgetreide und somit – neben den anderen Spelzgetreiden (Hafer, Dinkel, Gerste) – wesentlich »saubererв als Getreide ohne Spelz, denn der Spelz schützt vor allgemeinen Umwelteinflüssen: Schimmelpilze, Stickoxide, Keime und Ruß nehmen nach der Schälung deutlich ab; auch durch die Lagerung bedingte Verunreinigungen werden beim Entfernen der Schale teilweise eliminiert. Im Geschmack ist Einkorn leicht nussig, sehr aromatisch und von angenehmer Festigkeit.*

# Gabas Geheimtipp:
## Pastinak mit Kräuterquark

*1 mittelgroßer bis großer Pastinak / Meersalz /*
*125 g Quark oder Frischkäse /*
*Knoblauch / verschiedene Kräuter (besonders Zitronenmelisse)*

Der Pastinak wird in leicht gesalzenem Wasser gegart, bis er weich ist. Währenddessen wird der Kräuterquark zubereitet. Des guten Geschmacks wegen sollte kein Magerquark verwendet werden. An Kräutern kann neben Knoblauch alles hinein, was das Herz höher schlagen lässt, allerdings sollte auf einige Blättchen Zitronenmelisse nicht verzichtet werden.

## Pastinakenkuchen

### Für den Teig:
*3 Eier / 250 g Vollrohrzucker / 200 ml Pflanzenöl / 150 g Pastinaken /*
*100 g Sultaninen / 100 g gehackte Walnüsse / 2 TL gemahlener Ingwer /*
*2 TL gemahlener Zimt / Kardamom /*
*Nelken und Koriander nach Geschmack /*
*abgeriebene Schale einer unbehandelten Zitrone oder etwas Muskatnuss /*
*1 TL Backpulver / 1 TL Natron / 250 g feines Dinkel- oder Weizenmehl /*
*Semmelbrösel für die Form*

### Für die Glasur:
*200 g Frischkäse / 100 g Puderzucker /*
*abgeriebene Schale einer unbehandelten Zitrone oder etwas Muskatnuss*

Die Eier werden mit dem Vollrohrzucker verrührt und das Öl zugegeben, die Pastinaken werden geraspelt. Danach rührt man die übrigen Zutaten unter und gibt zuletzt das mit Backpulver und Natron gemischte Mehl dazu. Die Masse muss mit einem Holzlöffel gut gerührt werden. In einer gefetteten und mit Semmelbröseln ausgestreuten Kastenform wird der Kuchen im vorgeheizten Backofen bei 180 °C Ober- und Unterhitze etwa eine Stunde gebacken.
Zum Schluss rührt man noch den Frischkäse mit dem Puderzucker zu einer cremigen Masse, fügt die abgeriebene Schale einer Zitrone oder einen Hauch Muskatnuss – je nach Geschmacksvorliebe – hinzu und streicht diese Masse auf den abgekühlten Kuchen.

# Pastinakenwein

*ergibt 5 l*

*Gerade Pastinaken eignen sich wegen ihrer ungewöhnlichen Süße sehr gut zur Hausweinbereitung; selbst die Farbe des »Endproduktes« erstrahlt in wahrem Glanze.*

### Ansatz für leichten Wein:

*3 kg Pastinaken / 4,3 l Wasser /*
*4 – 6 (Menge nach Herstellerangabe) Würfel Weinhefe (Bäckerhefe) /*
*800 g Zucker / Saft von zwei Zitronen*

### Ansatz für schweren Wein:

*3 kg Pastinaken / 3,9 l Wasser /*
*4 – 6 (Menge nach Herstellerangabe) Würfel Weinhefe (Bäckerhefe) /*
*1,8 kg Zucker / Saft von zwei Zitronen*

Die Wurzeln werden gesäubert, gebürstet, zerkleinert und etwa eine halbe Stunde in der vorgegebenen Wassermenge in einem Emaillegefäß geköchelt. Man füllt die Flüssigkeit samt Pastinakenstücken in den Ballon oder nimmt die Pastinaken heraus, presst sie aus und füllt nur den Sud ab. Anschließend fügt man Wein- oder Bäckerhefe, Zucker (für schweren Wein zunächst nur ein Drittel der gesamten Zuckermenge) und Zitronensaft zu, verschließt den Ballon mit einem Wattebausch (Grundsätzlich: an die stürmische Gärung denken und den Ballon nicht zu voll füllen!) und versieht die Flasche nach der stürmischen Gärung mit Gärröhrchen. Wenn der Wein zur »Ruhe« kommt, das heißt, wenn sich feste Partikel am Boden des Ballons abgesetzt haben, wird er abgezogen (nach sechs Wochen oder später, das hängt vom Temperament des Weines ab). Zur weiteren Vorgehensweise siehe Kapitel »Abziehen des Weins« ab Seite 29.

 **Tipp:** Bei abnehmenden Mond und nach einer längeren Trockenheit haben Wurzeln generell ein wesentlich intensiveres Aroma.

# Pfefferminze

## Mentha piperita

*Balsam, Englische Minze,*
*Peperminte, Schmeckerts*

Diese Pflanze, die verwildert in sehr vielen Arten (man sagt auch »bastardisierend«) überall in der Flur anzutreffen ist, gedeiht an feuchten, schattigen Orten, aber auch in der prallen Sonne. Größtenteils bildet sie große Kolonien.

An den leicht drahtigen, aufrechten, vierkantigen Stängeln, die sich nach oben hin verzweigen, befinden sich gegenständig die gestielten, länglich spitzen Blätter, die vereinzelt mit zarten gräulichen Haaren besetzt sein können. Pfefferminzblätter sind oben und unten gleichmäßig grün. Die Blüte ist länglich, ein wenig walzenförmig und von rosa bis hellblauer Farbe. Zwischen den Fingern zerrieben, riecht die Pfefferminze angenehm durchdringend balsamisch. Dafür sind die ätherischen Öle verantwortlich (die Hälfte davon ist Menthol!), ferner sind noch Gerb- und Bitterstoffe sowie Enzyme in der Pfefferminze vorhanden.

Der Sage nach wurde die schöne Minthe, die Geliebte des Hades – des griechischen Gottes der Unterwelt –, in wilder Eifersucht zerrissen. Ihr Körper kehrte in Form von diesem duftenden Kraut an die Erdoberfläche zurück.

Bevorzugt wird die Pfefferminze als Tee, aber auch als »Gewürzkraut« eingesetzt. In der Volksheilkunde wird sie innerlich bei Magen- und Darmbeschwerden, bei Schlaflosigkeit und Kopfschmerzen, gegen Blähungen und Durchfall verwendet.

Die Blätter werden kurz vor oder während der Blüte (dann haben sie das intensivste Aroma) von Juli bis August gesammelt (ohne Blüten), im Schatten oder an einem luftigen Ort getrocknet und luftdicht und lichtgeschützt aufbewahrt. Manche Menschen vertragen die Pfefferminze allerdings nicht, bei diesen führt sie zu Magen- und Darmbeschwerden. Damit dies nicht eintritt, sollten Sie einen alten Aberglauben bedenken, nach dem das Ausreißen der Pflanze einen Frevel darstellt und Unglück bringt. Wem die Minze helfen soll, der muss neun Tage hintereinander von einer Pflanze pflücken, ohne sie aus dem Boden zu reißen.

 **Tipp:** Im Westen Münchens liegt der kleine Ort Eichenau. Früher war in dieser Region einmal das Hauptanbaugebiet pharmazeutisch genutzter Pfefferminze Europas. Mittlerweile ist dieser Wirtschaftszweig ausgestorben, nur das Pfefferminzmuseum erinnert noch an diese glorreichen Tage (Adresse im Anhang, Seite 195).

**Sammelzeit:** Juni bis August (kurz vor oder während der Blüte)

**Standorte:** feuchte Wiesen und Bachufer

**Verwendbare Pflanzenteile:** Blätter

## Reissuppe
## mit Pfefferminze

*2 Zwiebeln / 2 Stangen Lauch / Olivenöl zum Braten / 1 l Gemüsebrühe /
1 Tasse Wildreis / 1 – 2 Lorbeerblätter / Rosmarin / Meersalz /
frisch gemahlener schwarzer Pfeffer / Muskatnuss / ⅛ l Joghurt /
1 – 2 Eigelb / 2 EL fein gehackte Pfefferminze*

Die Zwiebeln werden fein gehackt, der Lauch in Streifen geschnitten und beides in gutem Olivenöl gebräunt. Anschließend löscht man mit Gemüsebrühe ab und gibt etwas Wildreis zu, die Menge richtet sich nach der gewünschten Sämigkeit. Nun fügt man Lorbeerblätter, Rosmarin, Salz, Pfeffer und Muskatnuss hinzu und lässt bei mittlerer Hitze etwa eine halbe Stunde köcheln. In der Zwischenzeit wird der Joghurt mit Eigelb verrührt. Die Suppe wird von der Herdstelle genommen und mit der Joghurt-Ei-Mischung legiert. Nun wird nochmals abgeschmeckt und vor dem Servieren fein gehackte Pfefferminze untergerührt.

## Pfefferminzsauce
## mit Ei

*1 Becher Crème fraîche / ⅛ l Gemüsebrühe / 1 Eigelb / Meersalz /
frisch gemahlener schwarzer Pfeffer / 2 EL Pfefferminze*

Die Crème fraîche wird mit der gleichen Menge Gemüsebrühe, dem Eigelb, Salz und Pfeffer nach Geschmack und mit fein gehackter Pfefferminze vermengt und langsam bei geringer Hitze unter ständigem Schlagen zum Kochen gebracht.

 **Tipp:** Diese Sauce schmeckt gut zu Bratlingen oder Polenta.

## Pfefferminzsauce
## mit Milch

*1 Becher Crème fraîche / etwas Milch / Saft einer halben Zitrone /*
*Meersalz / frisch gemahlener schwarzer Pfeffer / Vollrohrzucker /*
*1 Hand voll Pfefferminzblättchen*

Die Crème fraîche wird in einer Schüssel mit etwas Milch und dem Zitronensaft verrührt. Dann werden Salz, frisch gemahlener Pfeffer, Vollrohrzucker sowie reichlich klein gehackte und gut gereinigter Pfefferminzblättchen dazugegeben.

## Kalter Pfefferminz-Apfel-Tee

*Pfefferminztee und Apfelsaft zu gleichen Teilen /*
*evtl. etwas Süßungsmittel nach Wahl / gestoßenes Eis*

Man kocht einen kräftigen Pfefferminztee, den man nach dem Abkühlen zu gleichen Teilen mit einem naturbelassenem Apfelsaft vermischt. Nach Bedarf kann ein wenig gesüßt werden. Vor dem Servieren wird mit gestoßenem Eis gekühlt.

 **Tipp:** Probieren Sie einmal puren Pfefferminztee mit Mineralwasser gemischt. Hier sollte dann allerdings auf Zucker, auch in kleinsten Mengen, verzichtet werden, um den erfrischenden Geschmack vollkommen genießen zu können.

# Pfefferminz-Wildkirschen-Gelee

*2 – 3 Hand voll frisch gepflückte Pfefferminzblätter / ⅛ l Wasser /*
*1 kg Wildkirschen / 1 l Wasser / 500 g Vollrohrzucker /*
*Geliermittel Pektin (Menge nach Herstellerangabe)*

Die Pfefferminzblätter lässt man mindestens eine Viertelstunde mit dem Wasser in einem abgedeckten Gefäß ziehen. Die Wildkirschen werden in einem Liter Wasser etwa 25 Minuten gekocht, dann die noch heiße Masse in ein Tuch gegeben und ausgepresst (man kann sie auch durch ein Sieb streichen). Gleichzeitig wird das Wasser mit den Pfefferminzblättern zum Kochen gebracht. Beides wird miteinander verrührt, der Vollrohrzucker wird mit dem Pektin nach Herstellerangabe hinzugegeben und das Ganze so lange kochen gelassen, bis die Gelierprobe gelingt. Dann wird das Gelee in saubere Gläser gefüllt, die gleich verschlossen werden.

**//** **Tipp:** Kirschen haben im Allgemeinen einen niedrigen Pektingehalt; deshalb vor dem Einfüllen in Gläser unbedingt eine Gelierprobe machen und ruhig etwas mehr Gelierhilfe verwenden.

# Wildkräutermagenbitter

*0,7 l klarer Schnaps (mindestens 40 Prozent Alkohol) /*
*Pfefferminze / Hagebutten / Löwenzahn /*
*brauner Kandiszucker*

Für den Magenbitter eignet sich die Pfefferminze als wohl schmeckendes Kraut besonders. Sie wird mit Hagebutten und Löwenzahn gemischt oder eben auch pur verwendet. Die Flasche wird knapp halb voll mit den aromatischen Zutaten gefüllt, mit braunem Kandiszucker versetzt und vier Wochen an einem hellen, warmen Ort ruhen gelassen.

**//** **Tipp:** Genauso lassen sich die frischen oder getrockneten Blätter in einem Liter trockenen Weißwein zu einem Pfefferminzwein ansetzen, der für seine beruhigende, blähungshemmende Wirkung bekannt ist.

# Quendel

## Thymus serpyllum

*Daimianche, Demutkraut, Feldbulla, Feldkömmelkraut, Feldkümmel, Feldpohley, Feldthymian, Geismajoran, Geschwulstkraut, Hühnchenkümmel, Hühnerbolle, Hühnerpolei, Jungfernzucht, Karwendel, Kinderkraut, Kounola, Kranzlkraut, Kückenkümmel, Kudelkraut, Kundelkraut, Kundikraut, Kunerle, Kuttelkraut, Marienbettstroh, Niederer Kasper, Quandel, Rainbadkraut, Rainkinderle, Rauschkraut, Sandthymian, Violetter Bohler, Wilde Meron, Wilder Thymian*

Der Quendel oder Wilde Thymian ist wegen seiner geringen Größe nicht leicht auszumachen, obwohl er weit verbreitet ist. Die Pflanzen variieren standortbedingt in Farbe, Behaarung und Blattgröße. Meist sind die Blätter sehr klein, von der Größe eines großen Weizenkorns, die zarten Stängelchen sind äußerst drahtig, deshalb sollte man sie mittels Schere beernten, damit die Pflanze nicht ausgerissen wird. Gern bedecken Thymiangewächse trockene Wege oder Wiesenränder, auch auf Ameisenhaufen sind sie häufig zu finden. Sollte man beim Spaziergang zufällig auf eine Pflanze treten, tritt sofort ein starker, äußerst angenehmer Duft (leicht zitronenartig) auf, von dem es heißt, er »täte dem Hirn wohl«. Für diesen Duft ist ein ätherisches Öl verantwortlich, das Thymol. Weitere wichtige Inhaltsstoffe sind Saponine, Gerbstoffe und Mangan.

Feldthymian kann sowohl als Gewürz als auch als Tee verwendet werden, als Tee allerdings nicht über einen längeren Zeitraum.

In der Volksmedizin wird Thymian gegen Husten und bei Bronchitis eingesetzt, außerdem wirkt er desinfizierend, magenstärkend, verdauungsfördernd sowie appetitanregend.

Zur Blütezeit werden die oberen Triebe geerntet (blühende Triebe sind gut zur Beigabe in Kräuterteemischungen).

Im Schatten getrocknet, lässt sich Feldthymian in verschlossenen Behältern gut lagern. Thymian passt sehr gut zu verschiedenen Gemüsegerichten.

**Sammelzeit:** Triebe: April bis Juni; blühende Triebe: Juni bis September

**Standorte:** trockene Magerrasen, Wiesen- und Wegränder, Böschungen, häufig auch auf Ameisenhaufen

**Verwendbare Pflanzenteile:** Triebe und Blüten

# Quendelquark

*Ob Mager- oder Vollfettquark oder körniger Frischkäse – die geschmackliche Vielfalt wird durch die Kombination mit Kräutern nahezu unendlich.*

*250 g Quark / evtl. (körniger) Frischkäse / Meersalz / etwas Meerrettich / Quendel / 1 kleine Zwiebel / Salbei / Knoblauchsrauke*

Der frische Quark (nach Belieben kann er auch mit Frischkäse gemischt werden) wird mit etwas Salz gewürzt, frischer Meerrettich wird gerieben und die zarten Blättchen des Quendels abgezupft. Man hackt die Zwiebel in feine Würfelchen, wiegt einige Blätter Salbei und Knoblauchsrauke fein und hebt alles unter den Quark.

 **Tipp:** Nicht nur auf Vollkornbrot genossen, ist ein (Frischkäse-) Kräuterquark ein Genuss, auch als Füllung für Windbeutel hat er Genießern viel zu bieten. Und einen Windbeutelbrandteig herzustellen, ist einfacher als vielfach angenommen:

---

## Brandteig für Windbeutel

*3/8 l Wasser / etwas Meersalz / 100 g Butter / 200 g feines Dinkel- oder Weizenmehl / 4 – 5 Eier (Mengenangaben genau einhalten)*

Das Wasser wird mit dem Salz und der Butter zum Kochen gebracht. Sobald das Wasser sprudelt, wird das feine Mehl in einem Zug hinzugegeben. Man rührt mit einem Holzlöffel die langsam sich verfestigende Masse so lange, bis sich auf dem Topfgrund ein weißer Belag bildet und sich die Masse zu einem Kloß formt. Dann wird die Masse von der Kochstelle genommen, kurz abgekühlt und rasch ein Ei untergerührt. Danach erst rührt man auch die restlichen Eier unter, bis die Brandmasse glatt und geschmeidig ist.

Mit einem mit Wasser benetzten Löffel sticht man kleine Stücke ab und legt sie auf ein Backblech, wobei zu beachten ist, dass sich die Masse während des Backens stark ausdehnt. Der Teig wird im gut vorgeheizten Ofen etwa eine halbe Stunde bei etwa 200 °C Ober- und Unterhitze gebacken. Nicht vor Ende der Backzeit die Ofentür öffnen, da die Windbeutel sonst zusammenfallen könnten!

---

## Kräuternudeln

*500 g kurze Nudeln / 1 – 2 Zwiebeln / Butter zum Braten /*
*100 g Sauerkraut / mindestens 1 Knoblauchzehe / Meersalz / Quendel /*
*Olivenöl zum Braten / Knoblauchsrauke / Schafgarbe / Petersilie*

Die Nudeln werden al dente gekocht. In der Zwischenzeit bräunt man Zwiebel-
würfel in einer Pfanne in etwas guter Butter an. Dort hinein gibt man dann das
Sauerkraut, den frisch gepressten Knoblauch, das Salz und den gehackten Quendel. Etwas gutes Olivenöl wird in einer anderen großen Pfanne erhitzt. Die nun
fertig gegarten Nudeln gibt man hinein und brät mehrere Minuten kräftig an.
Nun hebt man das Gemisch aus der ersten Pfanne sowie die frischen, fein
gewiegten Blätter der Knoblauchsrauke, Schafgarbe und Petersilie unter die
Nudeln und serviert das Ganze.

## Kartoffelgratin mit Quendel

*500 g mehlig kochende Kartoffeln / Butter für die Form /*
*500 g Gemüse der Saison (Pastinaken, Kohlrüben, Kohlrabi) /*
*¼ l saure Sahne / Quendel / Schafgarbe / Meersalz /*
*100 g Käse / Kürbiskerne / Mandeln*

Die gut gereinigten rohen Kartoffelscheiben werden in eine gebutterte Auflaufform geschichtet, das klein geschnittene Gemüse darauf verteilt und mit einer
Mischung aus saurer Sahne, gehacktem Quendel, gehackter Schafgarbe und
Salz übergossen. Das Kartoffelgratin wird im vorgeheizten Backofen auf der
oberen Schiene bei 175 °C Ober- und Unterhitze eine knappe Stunde gebacken.
Kurz vor Ende der Backzeit werden geriebener Käse, Kürbiskerne und Mandeln
darüber gegeben.

# Salbei

## Salvia officinalis

*Altweiberschmecken, Edelsalbei, Gartensalbei,
G'schmackblattln, Königssalbei, Kreuzsalbei, Lävendel,
Muskatellerkraut, Müsli, Salf, Sälvel, Scharleikraut,
Schuvensoibei, Selve, Sophie, Zaffe, Zupfblatteln, Zuffen*

In einem alten Spruch aus dem 14. Jahrhundert heißt es:
»Cur moriatur homo, cui salva crescit in horto?« Für die
Nichtlateiner unter uns: »Warum soll der Mensch ster-
ben, dem Salbei im Garten wächst?«.

Die (traurige) Antwort: »Contra vim mortis non est medi-
camen in hortis« – übersetzt: »Gegen den Tod ist kein
Kräutlein im Garten gewachsen.« In England sagte man:
»Wer ewig leben will, muss Salbei im Mai essen.«

An felsigen, sonnigen Hängen und auf trockenen, kar-
gen Wiesen sowie Ödland gedeiht gelegentlich neben anderen Kräutern der Salbei. Die aus dem Mittelmeerraum
stammende Pflanze bildet einen Halbstrauch mit krautigen aufrechten, leicht
verzweigten Ästen von einem halben bis knapp einem Meter Höhe, an denen
längliche, zungenförmige graugrüne Blätter gegenständig angeordnet sind. Die
Blätter sind auf Ober- und Unterseiten von gleicher Farbe und ähnlich einer
Zunge auf den Oberseiten mit vielen kleinen »Bläschen« überzogen. Der Geruch ist sehr würzig, angenehm. Salbei enthält viel ätherisches Öl, außerdem
Kampfer und organische Säuren.

Die Blätter werden vor der Blüte (Juni bis August) geerntet. Sie können frisch als
Würzkraut oder in Teig ausgebacken oder in getrocknetem Zustand zum Würzen oder als Tee verwendet werden. Salbei eignet sich vorzüglich zum Aromatisieren von Olivenöl.

In der Volksmedizin wird Salbei gegen vielerlei Gebrechen vorzugsweise als Tee
eingesetzt. Nennenswert sind seine antiseptischen Eigenschaften gegen Hals-
und Mandelentzündungen und die Wirksamkeit gegen zu starke Schweißbil-
dung (besonders Nachtschweiß). Außerdem soll Salbeitee blutzuckersenkend,
magenstärkend und wundheilend sein, als Hausmittel soll sich eine Tinktur
gegen Haarausfall bewährt haben. Hier das Rezept: Eine Hand voll getrocknete
und zerkleinerte Salbeiblätter wird mit 100 ml Schnaps (60-prozentig) aufgesetzt und zwei Wochen an einem warmen Ort belassen. Dann wird der Ansatz
durchgeseiht, auf die Kopfhaut geträufelt und gut einmassiert.

Das Zahnfleisch bleibt gesund und fest, wenn man es mit frischen Salbeiblättern massiert. Reibt man das Haar damit öfters ein, soll es sich schwarz färben. Kneipp empfahl Salbeitee bei Nieren- und Leberleiden.

Nach altem Glauben kommt die Heilkraft des Salbeis von den Segnungen Marias, die von der Pflanze zusammen mit dem Jesuskind vor dessen Verfolgern verborgen wurde. Sie gab ihm die Kraft, die Menschen zu heilen, auch dem (krankheitsbedingten) Tode zu widerstehen.

Sein lateinischer Name *Salvia* kommt von *salvare* und bedeutet heilen, *salvere* bedeutet gesund sein. Früher spielte gerade bei den armen Leuten, die nicht zum Arzt gehen konnten, der Salbei eine große Rolle – hieß es doch, er stärke die Nerven, kräftige das Wohlbefinden und beseitige gar Verstopfungen des Hirns. »... Salbei, Lavendel, samt gerechte Bibernell – Nach Schlüsselblumen und nach Brunnenkressen eyl, Wann etwan von den Schlag Die Glieder seyn berührt ...« (Quelle: Gottessegen der Kräuter).

**Sammelzeit:** April bis August

**Standorte:** Kalkgebiete, trockene Wiesen, Dämme, Wegränder

**Verwendbare Pflanzenteile:** Blätter

# Salbeizüngchen
## in Ausbackteig

als Beilage halbe Zutatenmengen

40 – 50 Salbeiblättchen / Öl zum Backen

### Für den Ausbackteig:
3 Eier / 200 g feines Weizenmehl (Einkornmehl ist noch leckerer!) /
1 Prise Meersalz / etwas Vollrohrzucker
(als herzhafte Beilage ohne Zuckerzugabe)

Die Eier werden getrennt und das Eiweiß zu Schnee geschlagen. Aus allen Zutaten bereitet man einen dickflüssigen Teig, unter den man zuletzt den Eischnee hebt. Die gut gereinigten und trockenen Salbeiblätter taucht man beiderseits in den Teig und backt sie in gutem Öl goldgelb.

 **Tipp**: Eignet sich vorzüglich als Beilage zu Reis- und Körnergerichten.

# Salbeispätzle

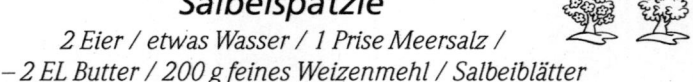

2 Eier / etwas Wasser / 1 Prise Meersalz /
1 – 2 EL Butter / 200 g feines Weizenmehl / Salbeiblätter

Die Eier, etwas Wasser, Salz und Butter werden in das Mehl gegeben. Alle Zutaten werden locker miteinander vermischt und durch ein spezielles Spätzlesieb in kochendes, leicht gesalzenes Wasser gegeben. Nach dem Garen richtet man die Spätzle in einer Schüssel an, vermengt sie mit guter Butter und klein gehackten Salbeiblättern und reicht die Spätzle zu einer Wildkrautpüreesuppe (siehe Seite 179).

# Sauerampfer

*Rumex acetosa*

*Ampfer, Großer Ampfer, Salatampfer, Sauerblätter,*
*Säuerling, Sauergras, Sauerhampf, Sauerknöterich,*
*Sauerstängel, Sauerstingel, Säuskraut*

Bis zu einen Meter hohe Stängel, an denen große glänzende Blätter sitzen, brechen aus einer Blattrosette her-
vor, verjüngen sich an den Enden in blühende, verzweigte, zum Herbst hin rötlich gefärbte Spitzen. Der Wuchs
ist unverwechselbar, genau wie der saure Geschmack
der Blätter. Sauerampfer gedeiht vorzugsweise auf nassen (sauren) Wiesen und in schattigen Bereichen, auf
Schuttplätzen, Wiesen und Weiden. Veterinärmedizi-
ner warnen vor der Pflanze, da sich alljährlich Tiere auf
den Weiden mit Sauerampfer vergiften. Verantwortlich
dafür ist der hohe Gehalt an Oxalsäure, die übrigens
auch im Rhabarber und im Spinat vorkommt. Daneben
enthält der Sauerampfer Vitamin C, Gerb- und Bitterstoffe.
Blütezeit ist ab Mai oder Juni. Aus den kleinen Blüten entwickeln sich kleine kantige Früchtchen, die sich von Grün
ins Braunrote verfärben. Verwendung finden die Wurzeln sowie die Blätter der Pflanze. In der Volksheilkunde gelten sie als
stark harntreibend, und Umschläge bringen Besserung bei Halsschmerzen.
In der Küche verwenden wir nur die Blätter. Sauerampferblätter sind Beilage in
vielen Saucen, auch in der legendären Grünen Soße sind sie enthalten.
**Vorsicht** – keine größeren Mengen roher Blätter verzehren! Sie führen zu Vergiftungen, die durch einen nicht unerheblichen Anteil an Oxalsäure hervorge-
rufen werden (wie auch im Rhabarber). Menschen mit Nierenschäden und
Gicht- und Arthritiskranke sollten auf Sauerampfer gänzlich verzichten. Sauerampfer nicht mit Mineralwasser zubereiten oder zusammen konsumieren!

**Sammelzeit:** April bis Juli

**Standorte:** nasse, fette (saure) Wiesen, schattige Bereiche, Schuttplätze und
Weiden

**Verwendbare Pflanzenteile:** Blätter

## Sauerampfergemüse

*3 – 4 Hand voll Sauerampferblätter / Butter zum Dünsten /*
*Mehl und Butter für eine Mehlschwitze / 1 – 2 Eigelb /*
*⅛ l saure Sahne / Meersalz / Liebstöckel / Majoran*

Man dünstet die Blätter ohne Stiele in etwas Butter, lässt den Saft abtropfen und hackt die Blätter wie Spinat. Mit einer hellen Mehlschwitze (Vorsicht! – nicht zu viel, sonst wird es zu breiig) und etwas abgetropftem Saft dickt man die Masse ein. Anschließend zieht man Eigelb und saure Sahne unter (darf nicht nochmals aufkochen, da die Sahne sonst gerinnt!) und würzt mit Salz, Liebstöckel und Majoran.

## Sauerampfersuppe

*3 – 4 Hand voll Sauerampferblätter / 1 l Gemüsebrühe /*
*Mehl und Butter für eine Mehlschwitze / 1 Eigelb /*
*2 Vollkornbrötchen oder 3 Scheiben Weißbrot / Butter zum Bräunen*

Die gewaschenen und gut abgetropften Sauerampferblätter werden fein zerkleinert, mit der Gemüsebrühe in einen Topf gefüllt und langsam etwa eine Viertelstunde gekocht. In der Zwischenzeit wird eine helle Mehlschwitze bereitet, die fertig gegarte Suppe damit angedickt und mit Eigelb glatt gezogen. Man bräunt gewürfelte Vollkornbrötchen oder Weißbrot in Butter an und zieht sie kurz vor dem Servieren unter die Suppe.

## Sauerampfersuppe
## mit Sahne

*3 – 4 Hand voll Sauerampferblätter / 1 EL Butter zum Braten /*
*2 EL feines Weizenmehl / Meersalz / etwa 1 l Gemüsebrühe /*
*⅛ l süße Sahne / 1 Eigelb / Muskatnuss*

Die Sauerampferblätter werden gut gereinigt und zerkleinert. Die Butter erhitzen, die Sauerampferblätter kurz darin anbraten, das feine Weizenmehl zugeben und bräunen. Man kann eventuell leicht salzen. Anschließend füllt man so viel Gemüsebrühe auf, dass die Suppe während des Aufkochens eine noch sehr sämige Konsistenz behält. Dann wird sie vom Herd gezogen, mit süßer Sahne glatt gerührt und mit Eigelb legiert. Mit Salz und etwas Muskatnuss wird abgeschmeckt.

## Sauerampferblätter
## in Bierteig

*etwa 20 Sauerampferblätter / 1 kleine Flasche Bier (0,33 l) /*
*230 g feines Weizenmehl / 1 Prise Meersalz / Öl zum Braten*

Die jungen Blätter des Sauerampfers werden gründlich gereinigt und gut getrocknet. Das Bier wird in einer Schüssel mit dem feinen Weizenmehl und dem Salz vermengt. Der Teig kann sofort verwendet werden. Man taucht die Sauerampferblätter von beiden Seiten ein und brät sie in gutem Öl schwimmend von beiden Seiten goldgelb an.

# Schafgarbe

*Achillea millefolium*

*Achilleskraut, Bauchwehkraut, Blutkraut,*
*Blutstillkraut, Boanfraßkräutli, Dusentacken,*
*Fasankraut, Feldgarbe, Frauendank, Gachelkraut,*
*Grabenkraut, Gor, Gotteshand, Grensing,*
*Grillengras, Heil allen Schaden, Kachelkraut,*
*Katzenkraut, Katzenschwanz, Lämmerzunge,*
*Margaretenkraut, Schafrippen, Schafzunge,*
*Tausendblatt, Teekraut*

»Millefolium« bedeutet »tausendblättrig« und bezieht sich auf die feinen Abschnitte der dunkelgrünen fiederspaltigen, krausen Blätter, die im Frühjahr noch vor dem aufrechten, drahtigen Stängel, an dem sich später die Blütendolde entwickelt, aus dem Boden schieben. Gern wächst die Schafgarbe auf Wiesen und Weiden, entlang von Wegen und Rainen sowie auf Ödland. Die Blätter sind ziemlich fest, obwohl sie zart und grazil aussehen, man könnte meinen, sie seien ein wenig drahtig. Sie bilden eine Rosette, ähnlich wie die des Löwenzahns, nur viel unscheinbarer. Der Geruch der zerriebenen Blätter hat eine leicht bittere, sehr aromatische Note und wird als angenehm empfunden. Die Schafgarbe hat zahlreiche Inhaltsstoffe, die sich positiv auf die Gesundheit auswirken, wie ätherische Öle, Kampfer, Gerb- und Bitterstoffe, Vitamin C und Inulin.

In der Volksmedizin wird Schafgarbe gegen Verdauungsbeschwerden eingesetzt, sie regt die Gallensekretion an, wirkt blutdrucksenkend, harndesinfizierend, entzündungswidrig und krampflösend. »Schafgarbe im Leib, tut wohl jedem Weib« lautet ein alter Bauernspruch. Doch auch als Orakelpflanze tut die Schafgarbe so ihre Dienste: Wollte ein junges Mädchen wissen, wie der Mann aussieht, der sie einmal aus der elterlichen Obhut befreien würde, so wandte sie sich an die Schafgarbe. Damit das Orakel auch »treffsicher« ausfällt, musste es eine Pflanze vom Grab eines früh verstorbenen Mannes sein. Diese wurde schließlich unter das Kopfkissen gelegt und mit einem Spruch versehen ... Möge das Orakel befriedigend ausgefallen sein.

Die würzigen Blätter passen besonders gut zu Eierspeisen und Kartoffelgerichten, besonders zu Salaten. Die Blüten ergeben einen leicht bitteren Tee, der sehr interessant schmeckt, wenn man das bittere Aroma erst einzuordnen weiß. Blätter werden vor der Blütezeit gesammelt, Blüten müssen voll erblüht gepflückt werden, während die Sonne scheint (»gute« Blüten sind weiß, die älteren färben sich dunkel). Die Blüten werden an einem luftigen und schattigen Ort getrocknet, die Blätter nur frisch verwendet.

**Sammelzeit:** Blätter: April bis Juni und September bis November; Blüten: Juni bis Oktober

**Standorte:** auf trockenen Wiesen und Weiden, entlang von Wegen, Dämmen und Rainen sowie auf Ödland

**Verwendbare Pflanzenteile:** Blätter (zum Würzen), Blüten (für Tee)

# Kartoffelsalat
## mit Schafgarbe

*1 kg festkochende Kartoffeln / Meersalz / 6 Eier / ¼ l saure Sahne /
frisch gemahlener weißer Pfeffer / 1 große Zwiebel / 2 – 3 Äpfel /
Schafgarbe / Estragon / Quendel / Salbei / Petersilie / Saft einer Zitrone*

Die Kartoffeln werden in leicht gesalzenem Wasser gegart und anschließend gepellt. Dann werden sie in Scheiben geschnitten und zum Abkühlen beiseite gestellt.
Für die Sauce vermengt man die weich gekochten Eier (das Eigelb sollte noch flüssig sein) mit der sauren Sahne und würzt mit Salz und weißem Pfeffer. Dann gibt man in kleine Würfel geschnittene Zwiebel und Äpfel und zum Schluss noch etwas fein gezupfte Schafgarbe, Estragon, Quendel, Salbei sowie reichlich Petersilie und den Zitronensaft hinzu. Alles wird miteinander vermengt und über die Kartoffelscheiben gegeben. Nun wird die Salatsauce gut, aber vorsichtig untergehoben, damit die Kartoffelscheiben ganz bleiben. Vor dem Verzehr lässt man den Salat einige Stunden im Kühlschrank durchziehen.

 **Tipp:** Diesen Kartoffelsalat serviert auf einem mit Blättern (zum Beispiel Löwenzahn oder Spitzwegerich) verzierten Teller und garniert ihn mit Blüten (zum Beispiel Gänseblümchen oder Malve).

## Schafgarbenpastinaken

*etwa 15 wilde Pastinaken / Olivenöl zum Braten /*
*2 EL Dinkelvollkorn- oder Hafermehl /*
*½ l Milch / ⅛ l saure Sahne / 1 Ei / 1 EL Schafgarbe / Meersalz /*
*frisch gemahlener weißer Pfeffer / Muskatnuss*

Die Pastinaken werden gründlich gereinigt, in appetitliche Stücke zerteilt und in gutem Olivenöl kräftig angebraten. Danach wird etwas Dinkelvollkorn- oder Hafermehl darüber gegeben und ebenfalls kurz angebraten. Man verrührt die Milch mit der sauren Sahne und dem Ei und löscht die Suppe damit ab, bis eine cremesuppenartige Konsistenz erreicht ist. Die Suppe aufkochen lassen (nicht länger als zwei Minuten, da die Suppe sehr leicht ansetzt) und reichlich fein gewiegte Schafgarbenblätter unterheben. Man schmeckt mit Salz, weißem Pfeffer und einem Hauch Muskatnuss ab.

## Kalte Schafgarbensuppe

*¼ l Rote-Bete-Frischsaft / 1 Becher saure Sahne / ½ l Buttermilch /*
*Dill / Schafgarbe / Knoblauchsrauke / Bärlauch /*
*1 kleine bis mittelgroße Zwiebel / 1 Salatgurke / Meersalz /*
*frisch gemahlener schwarzer Pfeffer / etwas Blütenhonig /*
*Eier zum Garnieren*

Der Frischsaft der Roten Bete wird mit saurer Sahne und Buttermilch vermengt. Dann wird reichlich frischer Dill, Schafgarbe, Knoblauchsrauke, Bärlauch, die fein gewiegte Zwiebel sowie die in feine Würfelchen geschnittene frische Gurke zugegeben. Mit etwas Salz, Pfeffer und Blütenhonig wird anschließend abgeschmeckt. Man vermengt die Suppe gut und lässt sie im Kühlschrank mindestens zwei Stunden reifen.

Dann richtet man sie in tiefen Tellern an, die man mit geviertelten, hart gekochten Eiern garniert.

# Schlehdorn

*Prunus spinosa*

*Ackerpflaume, Bockbeerli, Dornschleha, Dornschlehen,*
*Effken, Haferpflaume, Hageldorn, Kietschkepflaumen,*
*Saudorn, Schlaia, Schlechbeeri, Schlehe, Schliehe,*
*Schlingenstrauch, Schlinken, Schwarzdorn*

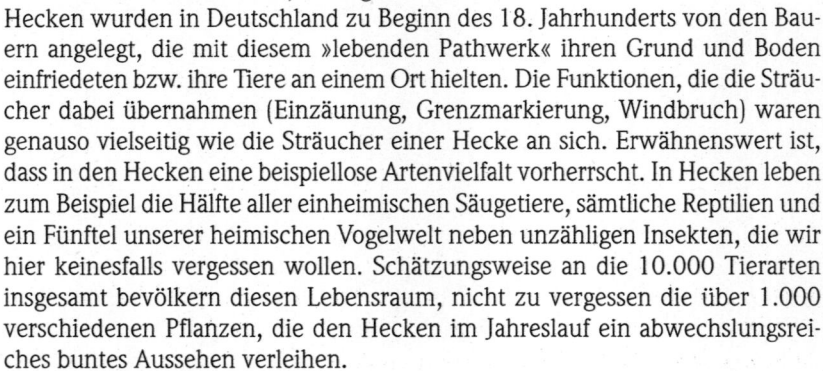

Beheimatet ist der Schwarzdorn in ganz Europa,
Kleinasien und in Nordamerika – dort heißt er unter
anderem auch Blackthorn. Bevorzugt wächst dieser
sparrige, dicht verzweigte Strauch – der immerhin
knapp vier Meter Höhe (selten fünf Meter!) erreichen kann – an Fels- und Schutthängen, in lichten
Laubgehölzen und in Knicken, wie Hecken, die »Le-
bensadern der Landschaft«, auch genannt werden.
Hecken wurden in Deutschland zu Beginn des 18. Jahrhunderts von den Bauern angelegt, die mit diesem »lebenden Pathwerk« ihren Grund und Boden
einfriedeten bzw. ihre Tiere an einem Ort hielten. Die Funktionen, die die Sträucher dabei übernahmen (Einzäunung, Grenzmarkierung, Windbruch) waren
genauso vielseitig wie die Sträucher einer Hecke an sich. Erwähnenswert ist,
dass in den Hecken eine beispiellose Artenvielfalt vorherrscht. In Hecken leben
zum Beispiel die Hälfte aller einheimischen Säugetiere, sämtliche Reptilien und
ein Fünftel unserer heimischen Vogelwelt neben unzähligen Insekten, die wir
hier keinesfalls vergessen wollen. Schätzungsweise an die 10.000 Tierarten
insgesamt bevölkern diesen Lebensraum, nicht zu vergessen die über 1.000
verschiedenen Pflanzen, die den Hecken im Jahreslauf ein abwechslungsrei-
ches buntes Aussehen verleihen.
Doch zurück zum Schlehdorn, der – und an dieser Stelle verrate ich bestimmt
eine Neuigkeit – früher einmal als Gradierwerk in den Salinen verwendet wurde. Zu diesem Zweck wurden die Schwarzdornzweige geschält und miteinander zu »Wänden« verflochten; über die dann die Sole geleitet wurde.

 **Tipp:** Deutschlands schönstes Gradierwerk steht in unmittelbarer
Bahnhofsnähe in Bad Salzungen – ich war verblüfft, als ich es ent-
deckte: ein Schmuckstück, zusammengesetzt aus wunderschönen
Fachwerkbauten, die alle liebevoll restauriert sind.

Im zeitigen Frühjahr, bevor der Schwarzdorn seine Blätter austreibt, überzieht er sich mit einem Meer duftender kleiner Blüten, von denen sich allerdings die wenigsten im Spätsommer zu einer Schlehe entwickeln. Es ist wirklich erstaunlich, dass nach solch einer Blüteninvasion im Herbst oder Winter so wenige Früchte an einem Strauch zu finden sind. Vielleicht – und hier äußere ich nur meine Vermutung – sind die im Frühjahr immer wieder nachkommenden Fröste (Eisheiligen), vor denen der Schlehdornstrauch seine Blätter durch das späte Austreiben schützt, am Fruchtnotstand Schuld.

In den Früchten ist neben Zucker, Gerbstoffen und organischen Säuren auch viel Vitamin C enthalten.

Gesammelt werden die Blüten vor dem Erscheinen der Blätter, wenn sie noch ein wenig geschlossen sind. Sie werden getrocknet und vor Licht geschützt aufbewahrt als Tee verwendet. Aus frischen Blüten kann eine Essenz hergestellt werden. Die Blüten wirken blutreinigend und leicht abführend. In der Homöopathie wird die Essenz unter anderem bei Koliken – auch der Harnblase – eingesetzt. Die Schlehenfrüchte tun in der Küche gute Dienste. Sie werden erst nach den ersten Frösten geerntet, denn dadurch verlieren sie ihre stark herbe, zusammenziehende Note. Die Beeren können aber auch schon im September geerntet und in der Tiefkühltruhe »nachbehandelt« werden. Hauptsache ist, sie werden Minustemperaturen ausgesetzt, denn dadurch wird ein Teil der unangenehm zusammenziehenden Stoffe zu Zucker umgewandelt, was die Früchte erst genießbar macht. Schlehenmarmelade hilft bei Magenschwäche und Blasen- und Harnleiden; der Schlehenwein ist bekannt als Abführmittel und inneres »Reinigungsmittel« und wirkt harntreibend; der Saft wirkt gegen Nasenbluten, kann aber auch gleichzeitig als Gurgelmittel bei Mund-, Hals- und Zahnfleischgeschwüren verwendet werden.

**Sammelzeit:** Blüten: März bis April; Früchte: September bis November

**Standorte:** Fels- und Schutthänge, in lichten Laubgehölzen, zwischen Äckern, auf mageren Böden

**Verwendbare Pflanzenteile:** Beeren, Blüten

# Schlehenalkohol

*etwa 200 g Schlehen / 70 – 100 g Vollrohrzucker /*
*½ – ¾ l Gin / ½ – ¾ l trockener Sherry oder Brandy*

Man sticht die gewaschenen Schlehen mit einer Gabel oder einem Zahnstocher mehrmals an und füllt sie in eine Literflasche. Dann gibt man den Vollrohrzucker und schließlich den Gin hinzu und füllt trockenen Sherry oder Brandy nach, bis die Flasche zu gut drei Vierteln voll ist. Man lässt sie mindestens drei Monate an einem warmen Ort stehen und schüttelt gelegentlich. Danach gießt man die Früchte ab und lagert den Alkohol mindestens ein halbes Jahr kühl, bevor man ihn genießt.

 **Tipp:** Aus den vollgesogenen Früchten, die zum Wegwerfen viel zu schade sind, kann man Schlehenschokolade machen:

# Schlehenschokolade

*Früchte von der Schlehenalkoholbereitung*
*(von 200 – 300 g frischen Früchten) /*
*100 g Vollmilch- oder Zartbitterschokolade*

Man schabt das alkoholisierte Fruchtfleisch von den Kernen – das geht mit der Hand sehr gut – und streicht es anschließend durch eine Sieb. Diese Masse rührt man in geschmolzene Schokolade. Die Schokolade streicht man auf Backoblaten, lässt sie erkalten und schneidet sie in quadratische Stücke – fertig ist die Likörschokolade.

## Sirup von Schlehen

*2 kg Schlehen / etwa 800 g Vollrohrzucker /*
*gemahlene Nelken und/oder Zimt nach Geschmack*

Die Schlehen werden nach den ersten Frösten geerntet, gewaschen und in einem Topf mit kochendem Wasser begossen, sodass sie bedeckt sind. Man lässt sie einen Tag zugedeckt ruhen, danach gießt man den Saft ab, lässt ihn erneut aufkochen und gibt ihn kochend wieder über die Schlehen. Dieser Vorgang wird an zwei aufeinanderfolgenden Tagen wiederholt. Ganz zum Schluss filtert man den Saft durch ein Tuch, gibt die Gewürze und den Vollrohrzucker hinzu und köchelt bei mäßiger Hitze, bis sich der Vollrohrzucker vollkommen gelöst hat. Man füllt den Sirup noch heiß in saubere Flaschen.

 **Tipp:** Schmeckt gut als Zusatz zu Sodawasser oder zu gekühltem Sekt. Außerdem ist der Sirup erfrischend auf Grießbrei, zu Eis oder Pudding.

## Schlehenwein

*ergibt 5 l*

### Ansatz für leichten Wein:
*1 kg Schlehen / 850 g Zucker / 4,3 l Wasser*

### Ansatz für schweren Wein:
*1 kg Schlehen / 1,6 kg Zucker / 4 l Wasser*

Die Früchte werden eingemaischt (ohne Kerne!!) – eine Arbeit, bei der ich zum ersten Mal die Vorzüge meiner »flotten Lotte« richtig zu schätzen wusste –, mit zwei Dritteln der vorgeschriebenen Wassermenge – unbedingt kochend – übergossen und mit einem Tuch bedeckt 24 Stunden stehen gelassen. Danach wird der Saft nur abgeseiht, die Maische wird aber nicht gepresst. Zur weiteren Vorgehensweise siehe Kapitel »Hausweinbereitung« ab Seite 23.

# Weiße Taubnessel und Rote Taubnessel

*Lamium album* und
*Lamium purpureum*

*Weiße Taubnessel:*
*Bienensaug, Blumennessel,*
*Lugerle, Lugnesseln,*
*Nettel, Seichkraut,*
*Sugerle, Sugnesseli,*
*Wurmnessel, Zuzeln*
*Rote Taubnessel:*
*Ackertaubnessel, Hahneköpp,*
*Hummelgras, Hummelsauger,*
*stinkende Nessel, Tote Nessel,*
*Zu Luge*

Auf den ersten Blick mag man die Taubnessel mit ihrer wehrhaften Schwester, der Brennnessel, verwechseln. Allerdings offenbart sich beim genauen Hinsehen ihre Harmlosigkeit: Die Taubnessel hat weder Brennhaare auf den Blättern, noch bösartig stechende, borstige Stängel, außerdem ist sie deutlich grüner. Sie gedeiht auf stickstoff- und nährstoffreichen Wiesen und Weiden, an Wegrändern und unter Hecken, fast unkrautartig und lockt mit ihren weißen oder rot gescheckten, weitrachigen nektarreichen Blüten Insekten an. Als Kinder haben wir die Blüten gern und häufig abgezupft und ausgesaugt. Blütezeit ist von April bis Oktober, gelegentlich auch bis in den Winter hinein.

Die Taubnessel besitzt an Inhaltsstoffen unter anderem Gerbstoffe, Zucker, Saponin und ätherische Öle. In der Volksmedizin war und ist die Blüte der Weißen Taubnessel ein Heilmittel mit erwiesener Wirkung auf Nieren und Harnwege. Auch in der Frauenheilkunde findet sie Verwendung, speziell bei zu früher oder unregelmäßiger und schmerzhafter Periode, bei Weißfluss und Entzündungen im Genitalbereich und der Blase, und sie wirkt der Harnverhaltung alter Männer entgegen.

Gerade der Weißen Taubnessel wird eine belebende Wirkung auf das Liebesleben nachgesagt, sie galt in früheren Zeiten als schwaches Aphrodisiakum. Als Anregung für ihn: kandierte Taubnesselblüten! Früher wurde die Taubnessel mit Selbstverständlichkeit in der Küche als Spinat, Gemüse oder zur Suppe verwendet, und die zarten Blätter wurden in einem herzhaften Ausbackteig zur vollen kulinarischen Entfaltung gebracht.

 **Tipp:** Taubnesselblätter grundsätzlich vor der Blüte ernten (man kann ruhig die Stauden regelmäßig zurückschneiden und hat so immer nicht blühende Pflanzen zur Verfügung). Da die Taubnessel eine sehr empfindliche Pflanze ist, sollte man bei der Zubereitung schonend mit ihr umgehen.

**Sammelzeit:** März bis Oktober

**Standorte:** auf stickstoff- und nährstoffreichen Wiesen und Weiden, an Wegrändern und unter Hecken, auf Schuttplätzen, an Mauern, Bahndämmen und Ufern

**Verwendbare Pflanzenteile:** Blätter

# Taubnesselgemüse

*8 – 10 Hand voll Taubnesselblätter / Butter zum Dünsten /*
*Meersalz / frisch gemahlener weißer Pfeffer / Knoblauch*

Die Taubnesselblätter werden sauber verlesen, gewaschen, abgetropft und in guter Butter gedünstet. Man würzt sie vorsichtig mit Meersalz, weißem Pfeffer und einem Hauch Knoblauch. Delikat!

 **Tipp:** Passt gut zu Kartoffelbrei.

# Taubnesseleierkuchen

*200 g feines Weizenschrot / Meersalz / 3 Eier / knapp ½ l Milch /*
*Öl zum Backen / 2 – 3 Hand voll Taubnesselblätter*

Aus dem feinen Weizenschrot, Meersalz, den Eiern und der Milch wird ein Eierkuchenteig bereitet. Diesen füllt man in eine Pfanne mit heißem Öl und bestreut ihn sofort mit sauber verlesenen, gereinigten und abgetrockneten Taubnesselblättern. Der Eierkuchen wird dann von beiden Seiten goldbraun gebacken.

 **Tipp:** An Stelle der aufgestreuten ganzen Blätter frisch gehackte Blätter in die Masse einrühren. Soll der Eierkuchen besonders locker werden, sollte er mit Eischnee zubereitet werden. Für einen knusprigen Eierkuchen nimmt man an Stelle von Milch stark kohlensäurehaltiges Mineralwasser.

156

# Taubnessel-Kartoffeln
## mit Graupensuppe
*für 4 – 6 Personen*

*3 – 4 kleine Zucchini / 2 Zwiebeln / 3 – 4 Tomaten /
2 EL Butter zum Braten / ½ l Wasser /
1 – 2 kleine Kohlrabi / 1 Tasse Graupen /
Meersalz / frisch gemahlener schwarzer Pfeffer /
Knoblauchsrauke / Muskatnuss /
500 g mehlig kochende Kartoffeln /
3 – 4 Hand voll Taubnesselblätter / Olivenöl zum Braten / Beifuß*

Man schneidet die Zucchini in feine Streifen, würfelt eine der Zwiebeln und die Tomaten fein und brät alles anschließend in Butter kräftig an. Mit klarem Wasser wird abgelöscht. Dann gibt man klein geschnittenen Kohlrabi sowie die Graupen in die Suppe, lässt die Suppe kurz aufkochen und anschließend bei mäßiger Hitze etwas ziehen. Gewürzt wird mit Salz, Pfeffer, Knoblauchsrauke und Muskatnuss.

Währenddessen werden die Kartoffeln in einem separaten Topf gedämpft oder gegart, anschließend gepellt und in einer Pfanne mit der zweiten gewürfelten Zwiebel zusammen mit Taubnesselblättern in gutem Olivenöl angebraten. Sie werden vorsichtig mit etwas Salz, Pfeffer und Beifuß gewürzt.

Man richtet die Kartoffeln mit dem Zwiebel-Taubnessel-Gemüse in tiefen Tellern an und gibt die Suppe darüber.

# Duftendes Veilchen

## Viola odorata

*Blauröschen, Blauvögschen,
Duftveilchen, Heckenveigerl,
Maiennägelein, Marienstängel,
Märzveilchen, Oeschen,
Osterveigerl, Schwalbenblume,
Vegeli, Vieli, Vigelchen, Vigeli,
Viole, Wohlriechendes Veilchen*

>*»Komm lieber Mai und mache
Die Bäume wieder grün
Und laßt uns an dem Bache
Die kleinen Veilchen blüh'n«*

Was hat sich Christian Adolph Overbeck gedacht, als er diesen Text verfasste, der zu einer Melodie von Mozart gesungen wird? Veilchen blühen in geschützten Lagen nämlich schon ab Februar. Eine spezielle Sorte ist das Duftveilchen *(Viola odorata)*. Veilchen werden zehn bis fünfzehn Zentimeter hoch. In einer kurzgestielten Rosette herzförmiger, wurzelständiger Laubblätter erscheinen ab März die violettblauen kleinen Blüten. Veilchen sind eng mit den Stiefmütterchen verwandt; sie blühen etwa zur selben Zeit. Ihr Ursprungsgebiet soll im Mittelmeerraum sein, allerdings zählen sie heute zu den Kosmopoliten unter den Blütenstauden, sind sehr ausdauernd und winterhart. Einmal an einer Stelle angesiedelt, vermehren sie sich gut und beständig, bis sie sich zu wahren Polstern ausdehnen. Ob diese Pflanzenpolster allerdings etwas mit der Sage um die Nymphe zu tun haben, die da fastend neun Tage lang regungslos auf ihren göttlichen Beischläfer wartete – der nichts mehr von ihr wissen wollte – und in wahnsinniger Leidenschaft verharrte. Ihre Glieder sollen während dieser Zeit mit dem Boden verwachsen sein und Blumen, dem Veilchen äußerst ähnlich, ihr Gesicht bedecken.

In der griechischen Mythologie galt das Veilchen als Totenblume.

Anzutreffen sind die violetten Blümchen sowohl an schattigen Orten wie in Hecken, unter Gebüschen, entlang von Ufern oder in Wiesen, die extensiv bewirtschaftet werden (also ohne Einsatz von Kunstdünger und Pestiziden). Spezifisch ist der allseits bekannte Wohlgeruch der zierlichen Blüten (der viele Dichter zu gereimten Seufzern hinriss). Veilchen sind als »Blumen der Liebe« bekannt, aber auch als Synonym für den Frühling.

Auch wenn es einem die kleinen Stauden noch so angetan haben, sollten Veilchen an ihrem Naturstandort nicht ausgegraben werden. Im eigenen Garten eingepflanzt, gehen sie meist ein.

Das Märzveilchen ist saponinhaltig und somit bei Bronchialverschleimungen auswurffördernd. Weiterhin enthält es Zucker, Schleimstoffe, ein ätherisches Öl und ein Alkaloid.

Nach einer Empfehlung der Heiligen Hildegard soll eine Salbe, bereitet aus Veilchensaft, Olivenöl und Ziegentalg, wirksam gegen Kopfschmerz und hilfreich bei schlecht heilenden Wunden sein.

**Sammelzeit:** März bis Mai

**Standorte:** in ganz Europa an schattigen Standorten (unter Hecken, entlang von Zäunen, Ufern, auf Wiesen und Weiden)

**Verwendbare Pflanzenteile:** Blüten

# Veilchenblütensirup
*Dazu benötigt man Ausdauer!!*

*5 – 6 Hand voll Veilchenblüten (ohne Stiele) / ¾ l Wasser / Vollrohrzucker*

Ein Bratentopf wird randvoll mit Blüten gefüllt. Die Blüten dürfen aber nicht festgedrückt werden! Dann füllt man mit Wasser auf und lässt die Mischung drei bis vier Minuten kochen. Anschließend nimmt man die Blüten von der Feuerstelle und lässt sie 24 Stunden ruhen. Am nächsten Tag gießt man sie durch ein dünnes Tuch (zum Beispiel eine Baumwollwindel) und vermengt die abgegossene Flüssigkeit mit der gleichen Menge Vollrohrzucker. Auf kleiner Flamme wird das Gelee nun sehr langsam eingekocht.


## Veilchenblütensirup
## schnelle Methode

*Mit weißem Zucker bekommt dieser Sirup eine besonders schöne Farbe, aber das Ergebnis lässt sich natürlich auch mit Vollrohrzucker sehen – und schmecken!*

*mindestens 7 – 8 Hand voll Veilchenblüten / ¾ l kochendes Wasser / Vollrohrzucker oder weißer Zucker*

5 – 6 Hand voll Veilchenblüten werden locker in einen Topf gegeben und mit kochendem Wasser übergossen. Wenn das Wasser erkaltet ist (am besten über Nacht), wird es abgegossen und aufbewahrt. Dann werden mindestens 2 Hand voll frischer Veilchenblüten zu den schon vorhandenen gegeben und mit der nochmals aufgekochten Flüssigkeit begossen. Der Vorgang kann mehrmals wiederholt werden. Nach dem Abkühlen die Flüssigkeit abgießen und die Blüten gut ausdrücken. Die Mischung wird dann auf kleinster Flamme mit der gleichen Menge Zucker eingekocht.

 **Tipp:** Bei dieser Methode färbt sich das Wasser herrlich blau, allerdings verblasst die Farbe durch das Kochen später ein wenig.

# Frühlingsblütensirup

*Sirupe, diese süßen kleinen Geheimnisse, die für die unverwechselbare Abrundung vieler Salate sorgen, können auch in einer Tasse Tee einem stürmisch verregneten Herbsttag trotzen und uns auf eine blühende Wiese zurückversetzen.*

*als Faustregel: 3 – 4 Doppelhände voll Blüten für 1,5 l Wasser*

*12 – 15 Hand voll gemischte Frühlingsblüten
(Veilchen, Holunder, Labkraut, Löwenzahn, Schlehdorn, Weißdorn ) /
Vollrohrzucker*

Die Blüten werden gesammelt und sauber verlesen (aber nicht gewaschen!). Anschließend werden sie in einen Topf gegeben, mit Wasser versetzt, langsam aufgekocht und mindestens fünf Minuten kochen gelassen. Dann lässt man sie weitere fünf Minuten bei mäßiger Hitze ziehen und abschließend über Nacht erkalten.

Der Sud wird am nächsten Tag durch ein Tuch gegossen. Dann wird zu gleichen Teilen Vollrohrzucker hinzugegeben und bei schwacher Hitze langsam geköchelt, bis die Konsistenz sirupartig ist. In kleine Gläser und Flaschen gefüllt, hält sich dieser Sirup lange, allerdings kristallisiert er innerhalb von zwei Jahren und sollte aus diesem Grund nicht viel länger aufbewahrt werden.

*Ich hatte ein Glas von diesem kristallinen Blütensirup aus dem Keller geholt und auf den warmen Rand meines Holzofens in der Küche gestellt; dort sollte sich der fest gewordene Zucker – wie Honig – wieder verflüssigen. Er tat es nicht, auch nicht am nächsten Tag. Stattdessen hatte er in der zweiten Nacht ein Loch in das Glas gerissen, und der Sirup hatte seinen Weg auf meine blanke Herdplatte gesucht und gefunden; es war eine furchtbare Sauerei. Auch der Versuch mit dem nächsten Glas – ich wollte den Sirup im warmen Wasserbad lösen – scheiterte kläglich. Wieder war ein Loch im Gefäß, wieder war der Sirup ausgetreten. Nun bereite ich nicht mehr Sirup zu, als ich in einem Jahr verbrauchen kann.*

# Vogelmiere

## Stellaria media

*Alsine, Feldsternmiere, Hüenerdarm,*
*Hüenersepp, Hühnerdarm, Hühnerbiss,*
*Mausdarm, Meiderich, Miere,*
*St. Ostegel, Vogelkraut,*
*Vogel-Sternmiere*

Ein Rosenliebhaber bat in einem Leserbrief an die Redaktion einer Gartenzeitung um Rat, wie er gegen die sich in seinem Rosenbeet immer wieder vermehrende Vogelmiere vorgehen könne. Die Antwort der Redaktion lautete, dass diese Pflanze lediglich den gesunden und einwandfrei gedüngten Zustand des Bodens anzeigen würde.

Für Vogelzüchter ist sie ein Renner, Papageien schwören auf das zarte grüne Kraut mit den vielen unscheinbaren kleinen Blättern. Vogelmiere ist ein Bodendecker und bildet ganze »Nester«. Im Geschmack erinnert sie an Mais, an Inhaltsstoffen hat sie Saponin, viele Mineralstoffe und Vitamine zu bieten. Viele Salate profitieren von ihrem dezenten Aroma.

An dieser Stelle möchte ich davor warnen, die Vogelmiere mit dem giftigen Ackergauchheil zu verwechseln. Einen großen und nicht zu verkennenden Unterschied gibt es aber zwischen diesen beiden sich sehr ähnelnden Pflanzen: Die Vogelmiere hat runde, zart behaarte Stängel, wogegen Ackergauchheil glänzende viereckige Stängel aufweist; außerdem blüht diese Giftpflanze rot, im Gegensatz zur Vogelmiere, die kleine, weiße Blüten trägt.

**Sammelzeit:** März bis Oktober

**Standorte:** Wiesen, lichte Laubwälder, Waldsäume, Gebüsche

**Verwendbare Pflanzenteile:** Triebe

## Vogelmieresalat
### mit Käse

*3 – 4 Hand voll Triebe der Vogelmiere / 1 saurer Apfel /*
*1 Hand voll Walderdbeeren / 1 Hand voll Him- oder Brombeeren /*
*100 g Käse / ⅛ l süße Sahne / Meersalz /*
*frisch gemahlener schwarzer Pfeffer / Apfelessig*

Die jungen Triebe der Vogelmiere werden gründlich gereinigt und von holzigen Teilen befreit oder die Blättchen von den Stängeln gezupft. Zusammen mit dem Obst werden sie in appetitliche Stücke geschnitten und mit Käsewürfelchen gemischt. Aus süßer Sahne, Meersalz, Pfeffer und Apfelessig wird ein süßsaurer Dip bereitet und unter den Salat gehoben.

# Bunter Salat
## mit Vogelmiere

*je 1 Hand voll Vogelmiere, Löwenzahn, Klee,*
*Gänseblümchen, Franzosenkraut /*
*Blütenhonig / Zitronensaft / ⅛ l Joghurt oder süße Sahne /*
*Meersalz / kandierte Blüten zur Dekoration*

Die möglichst abwechslungsreiche Blätterkomposition wird nach gründlicher Reinigung in eine dekorative Glas- oder Keramikschüssel gegeben. Als Saucengrundlage stellt man eine Blütenhonigmayonnaise her (siehe Rezept Mayonnaise, Seite 181); bitte denken Sie immer daran, dass die Zutaten Zimmertemperatur haben sollten, dann gelingt die Mayonnaise schneller, die man mit einem kräftigen Schuss Zitronensaft herzhaft abrundet. Nun wird die Mayonnaise mit Joghurt – für diejenigen, die es nicht ganz so fett mögen – oder aber mit süßer Sahne verrührt, mit Salz abgeschmeckt und über die Salatblätter gegeben. Alles wird vorsichtig untereinander gehoben und mit diversen essbaren Blüten, auch kandiert, (zum Beispiel Malve, Gänseblümchen oder Veilchen) dekoriert.

 **Tipp:** Klee wächst gern auf Wiesen und Weiden. Sein Geschmack ist säuerlich frisch.

# Vogelmiere-
## Franzosenkraut-Salat

*2 Hand voll Vogelmiere / 2 Hand voll Franzosenkraut /*
*⅛ l Joghurt / Meersalz / frisch gemahlener schwarzer Pfeffer /*
*Zitronensaft / Quendel / Zitronenmelisse*

Für den Salat verwendet man Vogelmiere und Franzosenkraut zu etwa gleichen Teilen. Man entfernt alle holzigen Ästchen, zupft die Blätter des Franzosenkrauts von den Stängeln, reinigt alles gründlich und gibt die gut getrockneten Blätter in eine Glasschale. Ein süßsaurer Dip aus Joghurt, Salz, Pfeffer, etwas Zitronensaft, einigen Spitzen des Quendels und den fein gewiegten Blättern der Zitronenmelisse wird darübergegeben und erst kurz vor dem Servieren angerichtet, denn der Salat welkt rasch.

 **Tipp:** Für Zuckermäuler kann auch etwas Blütensirup mit dem Joghurt vermengt werden.

# Walderdbeere

*Fragaria vesca*

*Besingkraut, Darmkraut, Erbel, Erbern,*
*Flohbeere, Hafelsbeer, Rotbeere,*
*Rote Besinge, Waldbeeren*

An sonnigen Plätzen und auf Brachflächen, vor und in Wäldern ist die
niedrige, beinahe possierliche
Pflanze anzutreffen, deren Blüte
schon recht früh im April einsetzt
und bis in den Juli hinein vorhält.
Die Walderdbeeren stellen die
Wildform der Gartenerdbeere dar
und gehören zur Gattung der
Kriech- und Rosettenpflanzen. Botanisch gesehen sind sie eine Sam-
melnussfrucht, deren dreizählige
Blätter aus dem ausdauernden Wurzelstock hervortreiben, neben schnur-
ähnlichen Ausläufern, an denen neue kleine Pflänzchen wie an einer Nabel-
schnur hängen. Schon im August zeigen sich die ersten leuchtend roten kleinen
Früchte darunter. Ihr Duft ist beispiellos, wie das Aroma auch. Walderdbeeren
gelten als Delikatesse.
Allerdings war das nicht immer so. Dem Steinzeitmenschen war das Sammeln
der kleinen Früchte zu aufwendig. Bei Ausgrabungen in Dänemark, England
und in der Schweiz wurden nur selten Erdbeersamen gefunden. Auch in römi-
schen Aufzeichnungen finden sich keine Hinweise auf Erdbeeren – Karl der
Große ließ sie nicht auf seinen Domänen anbauen. Erst im 15. Jahrhundert
finden sie als »Medizin« Beachtung und schon 1560 sollen Erdbeeren mit Sahne ein beliebtes Dessert gewesen sein. Ab dem 17. Jahrhundert wurden erste
Versuche unternommen um *Fragaria vesca* zu kultivieren. Das Ergebnis waren
schließlich neben den uns bekannten roten Arten auch weiße und grüne Erdbeeren, die längst wieder in Vergessenheit geraten sind.
An Inhaltsstoffen ist bei Erdbeeren der hohe Gehalt an Mineralstoffen, besonders Eisen, herauszuheben. Außerdem enthalten sie Zucker, Vitamin C und
organische Säuren.

In der Volksmedizin werden die Blätter als Tee bei rheumatischen Beschwerden angewandt, sie wirken harntreibend und blutreinigend. Walderdbeeren stehen in dem Ruf, in zerquetschtem Zustand auf die entsprechenden Stellen gelegt, der Entstehung von Gesichts- und anderen Falten vorzubeugen. Blätter werden vor der Blüte gesammelt, Früchte wenn sie tief und rot locken. Laufend durchpflücken (das heißt über einen längeren Zeitraum ernten), schnell verarbeiten.

**Sammelzeit:** Blätter: Mai bis Juli (vor der Blüte); Früchte: Juni bis Oktober

**Standorte:** nährstoffreiche sonnige Plätze wie Waldränder, im Wald und an Gebüschen

**Verwendbare Pflanzenteile:** Blätter, Beeren

# Walderdbeermarmelade
## ungekocht

*1 kg Walderdbeeren / 1,5 kg Vollrohrzucker / 3 g Weinstein*

Die miteinander vermischten Zutaten werden auf der warmen(!) Herdplatte etwa eine Stunde stehen gelassen und ab und zu umgerührt (nicht kochen lassen!). In saubere Gläser gefüllt und luftdicht verschlossen, hält sich diese Marmelade sehr gut.

 **Tipp:** Um dem Fuchsbandwurm keine Chance zu geben, erhitze ich diese Marmelade gern im Topf 20 Minuten auf knapp 80 °C.

# Walderdbeerensalat
## mit Löwenzahn

*Walderdbeeren sind äußerst aromatisch und ergänzen sich hervorragend mit dem würzigen Löwenzahn.*

*2 Hand voll Walderdbeeren / etwas Zitronensaft / etwas Vollrohrzucker / 2 – 3 Hand voll Löwenzahnblätter / ⅛ l Joghurt / Meersalz / Nüsse / Kürbiskerne / Sonnenblumenkerne / Pinienkerne*

Die Walderdbeeren werden gründlich gereinigt, mit Zitronensaft und Vollrohrzucker nach Geschmack vermengt und kurz aufgekocht. Anschließend stellt man sie zum Auskühlen beiseite. Die Löwenzahnblätter reinigt man in der Zwischenzeit gründlich, teilt sie in appetitliche Stücke und gibt sie in eine dekorative Glasschüssel, in die dann auch die erkalteten Walderdbeeren kommen. Aus Joghurt, etwas Salz, Zitronensaft und Vollrohrzucker wird ein Dip bereitet, der schließlich unter den Walderdbeer-Löwenzahn-Salat gehoben wird. Verfeinern kann man mit gerösteten Nüssen, Mandeln, Kürbis-, Sonnenblumen- oder Pinienkernen.

# Walderdbeersuppe

### Für die Suppe:

*800 g Walderdbeeren / etwas Zitronensaft / 1 Glas Rotwein /*
*100 g Vollrohrzucker oder Agavendicksaft /*
*Zitronenmelisse zum Dekorieren*

### Für den Eierstich:

*1 Vanillestange / 3 Eier / 100 ml Sahne /*
*1 EL Vollrohrzucker*

Die Walderdbeeren werden gründlich gereinigt und anschließend gut getrocknet. Dann vermengt man sie mit etwas Zitronensaft sowie Rotwein und reichlich Vollrohrzucker und püriert das Ganze. Zum Durchziehen kommen sie eine Stunde in den Kühlschrank.

Der süße Eierstich ist sehr einfach und schnell zubereitet: Das aus der Vanillestange herausgeschabte Mark wird mit den weiteren Zutaten verquirlt. Dann backt man die Masse in einer flachen Form im vorgeheizten Backofen auf der oberen Schiene bei 150 °C Ober- und Unterhitze, bis sie oben leicht gebräunt und durchgebacken ist. Oder sie wird zunächst in einem Wasserbad gestockt und kommt dann in die Backröhre. Während der in Quadrate oder Rauten geschnittene Eierstich auskühlt (er sollte vorm Erkalten gestürzt werden, da er sonst gern anhängt), wird das mittlerweile gut durchgezogene Walderdbeerpüree auf kleiner Flamme für kurze Zeit zum Kochen gebracht. Dann vermengt man die Suppe mit dem köstlichen Eierstich, und das süße Erlebnis wird pur, warm oder durch Vanilleeis gekühlt, in stilvollen Dessertschalen serviert, die mit einigen frischen Blättern der Zitronenmelisse dekoriert werden können.

# Waldhimbeere

*Rubus idaeus*

*Madebeere, Ambas, Ampe,*
*Entenbeere, Haarbeere,*
*Andelbeere, Hexenschmier,*
*Himmelbeere, Hindelbeere,*
*Hintbeere, Hohlbeere,*
*Katzenbeere, Molbeere,*
*Mutterbeere, Niedelbeere,*
*Runtzelbeere, Waldbeere,*
*Waldhimmelbreme*

Aufrechter als die Brombeer-
stängel, die im Herbst in tiefen, weiten Bögen überhängen,
steht die Himbeere. Sie ist nur
leicht gebogen und überhän-
gend. Auch die Dornen der Himbeeren sind nicht mit denen der
Brombeere vergleichbar; sie sind wesentlich »harmloser«, kratzen mehr, als
dass sie pieksen. Allerdings besteht in der Fruchtform eine Übereinstimmung;
die Himbeere ist eine Sammelsteinfrucht. Die frische Himbeere zeichnet sich
durch einen hohen Mineralstoffgehalt aus, an Vitaminen sind besonders das
Vitamin C und Provitamin A hervorzuheben. Sie besitzen außerdem Pektin,
organische Säuren, Zucker und Gerbstoffe.
Ein Tee aus Himbeerblättern wird besonders Allergikern empfohlen, da er sehr
gut verträglich ist.

**Sammelzeit:** Blätter: März bis Mai; Beeren: Juli bis August

**Standorte:** an Waldrändern, in feuchten Wäldern, auf Lichtungen und Schlägen

**Verwendbare Pflanzenteile:** Blätter, Beeren

# Himbeermarmelade
## aus roh gerührten Früchten

*Sie ist wohl die Königin unter den Wildfruchtmarmeladen, wenn man von den vielen Kernen absieht!*

*500 g Himbeeren / 500 g Gelierzucker oder
400 g Vollrohrzucker mit Saft einer halben Zitrone und
2 gehäuften TL Pektin*

Die Beeren sollten frisch gepflückt und ohne schadhafte Stellen sowie frei von Maden sein (sauber verlesen!).

Man zerdrückt die Beeren mit einer Gabel und fügt die entsprechende Menge Gelierzucker oder Vollrohrzucker mit Zitronensaft und Pektin hinzu. Mit einem Handrührgerät wird die Masse so lange geschlagen, bis sich der Zucker vollkommen gelöst und sich auf dem Fruchtbrei ein feiner weißer Schaum abgesetzt hat.

Nun füllt man die Marmelade in sehr gut gesäuberte Gläser, die man gut verschließt.

Sie ist im Kühlschrank etwa ein halbes Jahr haltbar.

# Himbeermarmelade gekocht

*500 g Himbeeren / 500 g Vollrohrzucker*

Die Früchte werden gereinigt (nicht waschen, sonst werden die Himbeeren matschig und wässrig) und sauber verlesen (auf die berüchtigten Maden achten!). Anschließend zerdrückt man die Beeren in einem Topf mit einer Gabel und lässt sie mit der entsprechenden Menge Vollrohrzucker vermengt über Nacht stehen. Am nächsten Tag wird die Marmelade gekocht. Nach etwa einer Stunde führt man die Gelierprobe durch. Sobald die Marmelade geliert, füllt man die Masse heiß in saubere Gläser und verschließt sie luftdicht.

 **Tipp:** Man kann die Gelierzeit wesentlich verkürzen, indem man Agar-Agar oder Pektin dazugibt. Unbedingt die auf der Packung angegebenen Mengenangaben einhalten!

# Himbeergelee

*½ l Himbeersaft (aus 800 – 900 g Beeren) / 500 g Vollrohrzucker*

Des wunderbaren Aromas wegen sollten die Himbeeren möglichst roh entsaftet werden. Der Saft wird mit dem Vollrohrzucker eingekocht, bis die Gelierprobe gelingt. Dann wird das heiße Gelee gleich in saubere Gläser gefüllt und fest verschlossen.

# Himbeerwein

*ergibt 5 l*

*Es gibt Jahre, da bersten die Sträucher buchstäblich unter der süßen Last: Es ist Weinzeit. Wenn es einen Fruchtwein gibt, der durch sein Aroma die Zunge verführt, dann dürfte das wohl der schwere, süße Himbeerwein sein. Der Aufwand lohnt sich auf jeden Fall.*

### Ansatz für schweren Dessertwein:
*3 kg Himbeeren / 1,7 kg Zucker / 2 l Wasser /*
*Saft von zwei Zitronen / Malagaweinhefe*

### Variation:
*3 kg Himbeeren / 1,8 kg Zucker / 2 l Wasser /*
*Saft von zwei Zitronen / Samosweinhefe*

Die Beeren werden nach dem Pflücken sauber verlesen, eingemaischt und wie im Kapitel »Hausweinbereitung« beschrieben weiterverarbeitet (ab Seite 23).

# Waldkiefer

## Pinus sylvestris

*Föhre, Furche, Führe, Forchenbaum, Föhrenbaum, Kienbaum, Däle, Tälle, Gränbaum, Schleißholz, Spanholz*

Unsere Bäume regen manchmal durch ihre krumme und schiefe Statur die Fantasie der sie Betrachtenden an. Malerische Anmut liegt in den krummen, von Wind und Wetter gezeichneten Exemplaren. Die Waldkiefern scheinen da besonders stark betroffen bzw. besonders »verunstaltet« zu sein. Nur in der Jugend weisen die Pflanzen einen geraden Wuchs und eine regelmäßige Zweigbildung auf; mit fortschreitendem Alter krümmen sich Äste und Stamm.

Deswegen ist die Waldkiefer einer der schönsten urwüchsig geformten Waldbäume, die obendrein noch ein beneidenswert hohes Alter von bis zu 600 Jahren erreichen sollen – in diesem Alter kann so ein Baum eine maximale Höhe von immerhin 50 Metern erlangen. Vorzugsweise wächst die Kiefer an warmen und trockenen Standorten, bildet ganze Wälder, gedeiht im Mischwald oder tritt auch einzeln auf. Gut zu erkennen ist die Waldkiefer an ihren langen, schlanken, steifen gräulich grünen Nadeln, die paarweise am Ast sitzen und eine Länge von drei bis acht Zentimeter erreichen können. Die Baumblüte setzt im Mai ein, Zapfen bilden sich erst ab Oktober des nächsten Jahres.

In Japan und China ist die Kiefer wegen ihres unverderblichen Harzes ein Symbol für die Unsterblichkeit und wegen ihrer trotzigen Standhaftigkeit gegenüber Wetterunbilden das Symbol der Lebenskraft.

Kulturhistorisch war die Waldkiefer ein Baum, der unwahrscheinlich variabel eingesetzt wurde. Aus dem Harz einer heute nicht mehr existierenden Art bildete sich zum Beispiel der Baltische Bernstein, der heute noch als Schmuckstein verwendet wird. Früher soll sogar Zahnersatz aus dem Harz der Waldkiefer gefertigt worden sein. Dem nicht genug: In der Zeit, in der die Elektrizität und die damit verbundenen segensreichen Errungenschaften noch nicht erfunden waren, nannte man unsere heimische Kiefer auch Feuerbaum oder Fackelbaum. Aus dem besonders harzreichen Holz wurden die sogenannten Kienspäne geschnitten, die – manchmal noch in Harz oder Pech getaucht – als Fackeln dienten. Aus dem Holzteer wurde dann Kienöl (für Lampen) sowie

Schusterpech zum Imprägnieren der Lederwaren gewonnen. Auch das eher weiche Holz der Waldkiefer hat ähnliche Wasser abweisende Eigenschaften und war als Baumaterial begehrt, die Nadeln sollen als Stopf- und Füllmaterial genutzt worden sein, und schließlich wurden die jungen Zweigspitzen wegen ihres hohen Vitamin-C-Gehaltes gegessen.

An Inhaltsstoffen sind neben dem Vitamin C auch Terpentin- und Kiefernnadelöl nennenswert. Das Kiefernharz (Terpentin) ist ein altes und vielseitig anwendbares Heilmittel, das nichts von seiner Bedeutung eingebüßt hat. Es herrscht in allen Teilen der Waldkiefer vor und ist vor allem heilsam für die Harn- und Atemwege. Ferner soll die Waldkiefer darüber hinaus auch eine anregende Wirkung auf Leber und Nebennierenrinde (diese bildet die Sexualhormone) haben sowie Prozesse im Stoffwechsel positiv beeinflussen. Es ist möglich, durch Wasserdampfdestillation das Terpentin in zwei Komponenten aufzutrennen: in das Terpentinöl und in den Rückstand Kolophonium. Das Kolophonium dient heute noch als Gleitmittel zum Bestreichen von Geigenbögen.

Verwendet werden in der Regel die Knospen oder die jungen, hellgrünen Triebe. Beim Ernten sollte man ein scharfes Messer verwenden und daran denken, dass die Bäume in gewisser Weise dadurch geschädigt werden, also niemals zu viele Triebe von einem Baum entfernen. In älteren Nadeln sind Verunreinigungen durch Immissionen angereichert (die immergrüne Kiefer wechselt ihr Kleid ja nicht jährlich), daher sollte man wirklich nur die jungen Triebe verwenden.

 **Tipp:** Bei Mandelentzündung, Heiserkeit und Halsweh eine Hand voll Knospen der Waldkiefer eine halbe Stunde in einem halben Liter Wasser kochen (fünf Minuten sprudelnd, dann nur bei schwacher Hitze ziehen lassen), filtrieren und den Sud zum Gurgeln verwenden oder mit Honig gesüßt als Tee bei Erkältungsbeschwerden einnehmen.

**Sammelzeit:** April bis Juni

**Standorte:** in ganz Europa an trockenen sonnigen Standorten, in Mischwäldern oder vereinzelt

**Verwendbare Pflanzenteile:** Nadeln, Knospen

# Weißer
## mit Kiefernspross

*klarer Schnaps (mindestens 40 Prozent Alkohol) /*
*1 – 3 junge Kiefertriebspitzen /*
*evtl. Vollrohrzucker oder Sirup nach Geschmack*

In eine Flasche klaren Schnaps werden je nach gewünschtem Resultat ein bis drei gut gereinigte und getrocknete junge Triebspitzen der Kiefer gesteckt. Die Flasche wird wieder fest verschlossen. Nach vier bis sechs Wochen sind die Inhaltsstoffe extrahiert.

Wer auf einen süßen Likör Wert legt, kann natürlich auch Vollrohrzucker oder Sirup hinzugeben.

# Sirup aus
## jungen Kiefernsprossen

*8 – 10 junge Kieferntriebe von 10 – 15 cm Länge / 1 l Wasser / evtl. Saft einer Zitrone / Vollrohrzucker*

Die jungen Triebe der Kiefer werden gesammelt, sauber verlesen (aber nicht gewaschen!), in einen Topf gegeben, mit Wasser versetzt und langsam mindestens fünf Minuten aufgekocht. Es kann auch der Saft einer Zitrone hinzugegeben werden. Dann lässt man die Triebe weitere fünf Minuten bei mäßiger Hitze ziehen und abschließend über Nacht erkalten.

Den Sud gießt man am nächsten Tag durch ein Tuch und gibt zu gleichen Teilen Vollrohrzucker hinzu. Bei schwacher Hitze lässt man die Mischung langsam köcheln, bis die Konsistenz sirupartig ist.

In kleine Gläser und Flaschen gefüllt, hält sich dieser Sirup lange, allerdings kristallisiert er innerhalb zweier Jahre und sollte aus diesem Grund nicht länger aufbewahrt werden.

 **Tipp:** Statt mit Vollrohrzucker kann man den Sirup auch mit Honig einkochen (häufig rühren, brennt sehr leicht an!). Er wirkt Wunder bei Erkältungen, dafür gibt man ihn einfach in den Tee oder nimmt hin und wieder einen Löffel pur.

# Wiesenbocksbart

*Tragopogon pratensis*

*Bockbatzer, Butzenstängel, Fressblume, Geißbart,*
*Gugelgau, Habermark, Himmelsbrot, Himmelskraut,*
*Josephblume, Kälbermilch, Knaupel, Melcher,*
*Milchblume, Ochsengukel, Paperasch, Sonnenblume,*
*Sternächut, Süesskrut, Süßling*

Auf Wiesen, Weiden und an Wegrändern steht der
beinahe einen halben Meter hohe und gertenschlan-
ke Wiesenbocksbart. Er ist leicht an seiner feinen
Form, den langen, schmalen, gelben Blüten, die wie
kleine Sonnen über der Pracht der Wiesen thronen,
und den beinahe spiralfederähnlich gedrehten Blättern zu erkennen. Der Wiesenbocksbart hat einen
hohen Gehalt an Vitaminen und Mineralstoffen. Die
schlanken braunen Wurzeln haben gekocht ein vorzügliches, leicht bitteres Aroma (das Kochwasser bildet eine delikate Suppengrundlage, deshalb niemals weg-
gießen!). Sie erinnern an Schwarzwurzeln und können
aus diesem Grund sehr gut zu feinem Gemüse mit Holländischer Sauce verarbeitet werden. Roh schmecken die Wurzeln in einem gemischten Salat sehr gut,
da sie recht süß sind. Hierfür werden sie von den Seitentrieben befreit, gebürstet
oder geschabt, gründlich gereinigt und in appetitliche Stücke zerteilt.
Die Schösslinge des Wiesenbocksbartes eignen sich auch sehr gut zum Ausbacken in Ausbackteig. Man verwendet die zarten Schösslinge mit den Knospen, die noch nicht aufgeblüht sein dürfen (sie werden sehr schnell holzig).

**Sammelzeit:** Wurzel: April bis Mai; Schösslinge und Knospen: Mai bis Juni

**Standorte:** auf nährstoffreichen Wiesen, Weiden und an Wegrändern

**Verwendbare Pflanzenteile:** Wurzeln, Schösslinge und Knospen

**//** **Tipp:** Die geschlossenen Knospen eigen sich übrigens vorzüglich für
die Kapernbereitung (siehe Seite 76).

178

## Wiesenbocksbartauflauf

*4 Hand voll Triebe des Wiesenbocksbarts*
*(keine holzigen Triebe verwenden) / Meersalz / ½ l Wasser /*
*1 EL Butter / 2 EL Dinkelmehl / ⅛ l süße Sahne / 2 – 3 Eigelb /*
*frisch gemahlener weißer Pfeffer / Muskatnuss / Fett für die Form /*
*Knoblauchsrauke / Schafgarbe / Salbei / Quendel / 150 g Käse*

Die jungen Triebe das Wiesenbocksbarts, ruhig auch mit Knospen, werden gründlich gereinigt, in appetitliche Stücke zerteilt und etwa fünf Minuten in leicht gesalzenem Wasser gekocht. Danach gibt man sie zum Abtropfen in einen Durchschlag. Aus Butter und frisch gemahlenem Dinkelmehl bereitet man eine Mehlschwitze. Diese wird mit dem Kochwasser des Wiesenbocksbart gelöscht, mit süßer Sahne verfeinert und nach dem nochmaligen Aufkochen vom Herd genommen. Jetzt wird das Eigelb untergezogen. Man würzt mit Salz, weißen Pfeffer und einem Hauch Muskatnuss. Nun schichtet man die abgetropften Wiesenbocksbartstücke in eine gut gefettete Auflaufform, bestreut diese mit einer Kräutermischung aus den fein gewiegten Blättern der Knoblauchsrauke, der Schafgarbe, des Salbeis und des Quendels, gibt die Sauce darüber und bestreut diese mit kleinen Käsewürfelchen. Anschließend wird der Auflauf im vorgeheizten Backofen bei 200 °C Ober- und Unterhitze etwa 20 Minuten gebacken.

## Wildkrautpüreesuppe

*2 Zwiebeln / Butter zum Dünsten / feines Weizenschrot /*
*1 Hand voll Klettenstängel oder -mark /*
*1 Hand voll Wiesenbocksbartstängel /*
*2 – 3 mittelgroße Beinwellblätter /*
*je 1 Hand voll Brennnessel- und/oder Taubnesselblätter /*
*Meersalz / Knoblauch / frisch gemahlener schwarzer Pfeffer*

Die Zwiebeln werden gehackt und in Butter gedünstet, mit feinem Weizenschrot bestäubt und unter häufigem Wenden gebräunt. In der Zwischenzeit kocht man die zerkleinerten Stängel oder das Mark der Kletten, die zerkleinerten Stängel des Wiesenbocksbartes und die grob zerkleinerten Beinwell-, Brennnessel- und/oder Taubnesselblätter zu einer Gemüsesuppe. Dann püriert man die Suppe mit dem Pürierstab und dickt sie anschließend mit der braunen Zwiebel-Mehlschwitze ein. Mit Salz, Knoblauch und Pfeffer aus der Mühle wird gewürzt.

# Wiesenbocksbartgemüse

*20 – 30 Triebe des Wiesenbocksbarts / Meersalz / 500 g Pellkartoffeln /*
*4 EL frisch geschroteter Hafer / 1 EL Butter zum Bräunen /*
*½ l Gemüsebrühe / Petersilie / Kerbel / Schafgarbe /*
*frisch gemahlener weißer Pfeffer / 2 Knoblauchzehen*

Leider hat diese schmackhafte Pflanze ziemlich dünne Stängel, weshalb es sehr arbeitsaufwendig ist, ein Gericht für vier Personen zuzubereiten. Sollte man sich doch dazu hinreißen lassen, entschädigt der Geschmack auf jeden Fall! Die jungen und etwas längeren Triebe des Wiesenbocksbartes werden als Bündel gebunden in Salzwasser maximal zehn Minuten gekocht. Dazu werden Pellkartoffeln und eine wild-aromatische braune Kräutersauce gereicht. Für die Sauce wird der frisch geschrotete Hafer in Butter gebräunt, mit Gemüsebrühe aufgegossen und mit Petersilie, Kerbel, Schafgarbe, Meersalz, weißem Pfeffer und gepressten Knoblauchzehen gewürzt.

 **Tipp:** Probieren Sie dieses Rezept auch einmal mit einer guten hellen Mehlschwitze, in die Sie zu gleichen Teilen Milch und Sahne einrühren und diese dann mit Zitrone und einem leichten Weißwein und eventuell einer Spur Honig abrunden. Wer es weniger fett mag, darf Wasser verwenden. Das Gemüse lässt sich auch wie Klettengemüse zubereiten (siehe Seite 104). Dies gilt auch für die kurze Garzeit!

# Wiesenbocksbart-Eier-Salat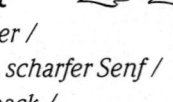

*20 – 30 Triebe des Wiesenbocksbart / 6 Eier /*
*2 – 3 EL Mayonnaise (nebenstehendes Rezept ) / 1 TL scharfer Senf /*
*⅛ l saure Sahne / Blütensirup nach Geschmack /*
*selbst gemachter Kräuteressig / Meersalz*

Man gart den Wiesenbocksbart bissfest und zerteilt ihn in appetitliche Stücke. Die Wiesenbocksbartstückchen werden wechselweise mit hart gekochten und in Scheiben geschnittenen Eiern in eine dekorative Glasschale geschichtet. Aus Mayonnaise, scharfem Senf, saurer Sahne, etwas Blütensirup, Kräuteressig und Salz bereitet man einen Dip, der über den Salat gegeben wird. Nach dem vorsichtigen Vermengen sollte der Salat im Kühlschrank mindestens noch eine Stunde vor dem Verzehr durchziehen.

# Mayonnaise

Ein cleverer Koch aus der spanischen Hafenstadt Mahon soll die fettige Sauce erstmals angerührt haben, bald darauf war sie in aller Munde. Damals war das Zusammenrühren noch echte Handarbeit – die elektrische Küchenmaschine war noch nicht erfunden. Heute ist es eigentlich ganz einfach, eine Mayonnaise selbst herzustellen. Ich experimentiere gern mit diversen aromatischen »Geschmacksträgern«, die in das nachstehende Rezept problemlos integriert werden können.

*1 Eigelb / Meersalz / 1 TL Senf /*
*evtl. Kräuteressig und/oder Vollrohrzucker / höchstens ¼ l Olivenöl /*
*zur geschmacklichen Abrundung: aromatische Kräuter und Wurzeln*

In einem Mörser, einem Mixer oder in der Rührschüssel der Küchenmaschine werden Eigelb, Salz, Senf und eventuell etwas Kräuteressig und/oder Vollrohrzucker verrührt. Wenn die Masse glatt ist, wird äußerst langsam gutes Olivenöl in die Masse geträufelt und so lange geschlagen, bis die gewünschte Konsistenz – butterähnlich fest ist möglich – erreicht ist. Durch Hinzufügen pürierter aromatischer Kräuter und Wurzeln sind geschmackliche Variationen möglich; bewährt hat sich in meiner Küche die Zwiebel des Bärlauchs, der ein himmlisches Aroma in die Mayonnaise bringt, oder das Versetzen mit Blütensirup, der sie wunderbar abrundet.

## Mayonnaise mal ohne Ei

*100 g Mandelpüree / Meersalz / Saft einer halben Zitrone /*
*Kräuteressig oder Kräuter / Olivenöl*

Die Grundlage bildet ein Mandelpüree, das mit ein wenig Salz, Zitronensaft, Kräuteressig oder pürierten Kräutern in einem Mörser oder Ähnlichem glatt gerührt wird. Dann wird tröpfchenweise gutes Olivenöl hinzugefügt, bis eine cremige Konsistenz erreicht ist.

# Zitronenmelisse

## Melissa officinalis

Bienenfang, Bienenkraut,
Bienensaug, Biengras, Darmgichtkraut,
Englische Brennnessel, Frauenkraut,
Hasenohr, Herzbrot, Herzkraut, Herztrost,
Honigblume, Immenchrut, Ivenblatt,
Limonikraut, Mutterkraut, Mutterwurz,
Nervenkräutel, Pfaffenkraut, Riechnessel,
Salatkräutle, Spanischer Salbei,
Wanzenkraut, Zahnwehkraut, Zitronella,
Zitronenkraut

Kaum ein Kraut hat solch ein verführerisch wohltuendes Aroma und eine der-
maßen stimulierende Wirkung auf die
menschliche Psyche (manche Arten der
Schlüsselblumen vielleicht, die allerdings
nicht so duften). Schon der Arzt Valentino
Kräutermann schrieb im Jahr 1725 in einem Buch,
dass man nach dem Abendmahl Melissenblätter zu sich nehmen solle, um in
fröhliche Träumerei zu verfallen. Davon wussten und wissen anscheinend auch
die Bienen, denn die mit Melissenkraut eingeriebenen Stöcke halten die emsi-
gen Tierchen bei Laune und vor Ort.

Beheimatet war die Melisse ursprünglich im Orient. In unseren Breiten war sie
eine typische Bauerngartenpflanze, die jetzt überall verwildert in der Gemarkung anzutreffen ist. Obwohl sie nur ausgesprochen bescheidene kleine weiße
bis rosafarbene Blüten zwischen Mai und August ansetzt, zählt sie zu den
besten Bienenfutterpflanzen (melissa kommt aus dem Griechischen und bedeutet Biene, meli heißt Honig). Zitronenmelisse bildet einen üppigen Strauch von
etwa 50 bis 80 Zentimeter Höhe. An den drahtigen Stängeln, die sich verzweigen, drängen sich gegenständig kleine hellgrüne, eiförmige, gezahnte Blätter.
Zwischen den Fingern zerrieben, entfaltet sich ein aromatisch zitronenähnli-
cher Duft, der durch ein ätherisches Öl verursacht wird. Ferner sind Gerb- und
Bitterstoffe enthalten.

In der Volksheilkunde wird die Zitronenmelisse gegen Melancholie, Kopfschmerz,
Blähungen, Schwindel und Ohrensausen eingesetzt.

In alten Kräuterbüchern steht sinngemäß: Melissen haben die treffliche Eigenschaft, das Herz zu erquicken, besonders wenn des Nachts das Klopfen einsetzt ... Aber auch der Verstand soll durch Melissen geschärft und Zahnweh – durch warmen Tee, den man im Mund bewegt – gelindert werden.

Für den Tee werden die Blätter vor der Blüte gesammelt (Stängel sauber abschneiden) und an einem luftigen oder schattigen Ort rasch getrocknet. Ansonsten werden die Blätter frisch verwendet, aber grundsätzlich nie mitgekocht. Durch Einfrieren verlieren sie an Aroma.

**Sammelzeit:** Mai bis August

**Standorte:** weit verbreitet, besonders in warmen Gegenden

**Verwendbare Pflanzenteile:** Blätter

## Zitronenmelissenpesto

*Pesto ist eine hervorragend schmeckende Würzzubereitung.*

*100 g Pinienkerne / 1 Hand voll Zitronenmelissenblätter /
2 Knoblauchzehen / 150 g Käse (zum Beispiel Parmesan oder Pecorino) /
Meersalz / etwa 60 ml Olivenöl*

Die Pinienkerne werden in der Pfanne leicht gebräunt und die frischen, trockenen, gut gereinigten Zitronenmelissenblätter werden mit dem Wiegemesser grob zerkleinert (zupfen geht auch). Im Mörser (wer den nicht hat, kann selbstverständlich auch einen Pürierstab nehmen) püriert man dann die Zitronenmelisse und die gerösteten Pinienkerne mit dem Knoblauch zu einer Paste. Dann mischt man geriebenen Käse und Salz unter. Durch langsames Unterrühren eines sehr guten Olivenöls wird die Paste cremig.

 **Tipp:** In kleine Gläser gefüllt, mit einer dünnen Schicht Olivenöl bedeckt, hält sich dieses eigenwillige Pesto im Kühlschrank vier bis sechs Wochen.

## Zitronenmelissensauce

*Olivenöl / 2 Knoblauchzehen / Meersalz /
frisch gemahlener schwarzer Pfeffer /
1 Hand voll Zitronenmelissenblätter*

Ein gutes Olivenöl wird mit fein gehacktem Knoblauch, Salz, Pfeffer sowie ein wenig Wasser vermengt. Darunter werden die frischen, fein gewiegten Zitronenmelissenblätter gegeben.

 **Tipp:** Passt gut zu bunten Salaten oder über geschmortes Gemüse (Gurken, Zucchini).

## Zitronenmelissengeist

*ergibt 0,7 l*

*2 Hand voll Zitronenmelissenblätter/ ½ frisch geriebene Muskatnuss /*
*ein Stück Stangenzimt / 3 – 5 Gewürznelken /*
*0,65 l hochprozentiger klarer Schnaps (mindestens 40 Prozent Alkohol)*

Die Zitronenmelisse wird gut gereinigt und zerkleinert. Alle Zutaten werden locker in ein 0,7-Liter-Gefäß eingefüllt. Das Ganze wird mit hochprozentigem Alkohol ohne Zuckerzugabe versetzt. Nach sechs bis acht Wochen ist der Trunk »reif«.

## Zitronenmelissenlikör

*ergibt 0,7 l*

*einige Stängel Zitronenmelisse /*
*0,65 l hochprozentiger klarer Schnaps (mindestens 40 Prozent Alkohol) /*
*Zucker- oder Blütensirup*

Die Zitronenmelisse wird grob zerkleinert, in einen Steintopf (Einmachglas) gefüllt und mit Alkohol begossen. Zucker- oder Blütensirup wird nach Geschmack zugesetzt, gut verrührt, zwei bis vier Wochen an einem warmen Ort stehen gelassen und gelegentlich geschüttelt. Danach wird durch Filterpapier in kleinere Flaschen umgefüllt.

# Sammelkalender

| | Jan. | Feb. | Mär. | Apr. | Mai | Jun. | Jul. | Aug. | Sep. | Okt. | Nov. | Dez. |
|---|---|---|---|---|---|---|---|---|---|---|---|---|
| **Bärlauch** | | | ◄ | ◄▷ | ◄▷ | ◄▷ | | ▷ | ▷ | ▷ | | |
| **Beifuß** | | | | | ◄ | ≡ | ≡ | ◄ | | | | |
| **Beinwell** | | | | ◄ | ◄ | ◄ | ◄ | | | | | |
| **Brennnessel** | | ◄ | ◄ | ◄▷ | ◄▷ | | | | ≡▷ | ≡ | | |
| **Brombeere** | | | ◄ | ◄ | ◄ | | ● | ● | ● | ● | | |
| **Dost** | | | ◄ | ◄ | ◄ | ◄ | ◄❀ | ● | ◄❀ | | | |
| **Franzosenkraut** | | | | | | | ◄ | | | | | |
| **Gänseblümchen** | ◄ | ◄ | ◄❀ | ◄❀ | ◄❀ | ◄❀ | ◄❀ | ◄❀ | ◄❀ | ❀ | | ◄ |
| **Heckenrose** | | | ◄ | ◄ | ◄ | ◄❀ | ❀ | ● | ● | ● | ● | |
| **Heidelbeere** | | | | | | | ● | ● | ● | ● | | |
| **Holunder** | | | | ❀ | ◄ | ❀ | ● | ● | ● | ● | | |
| **Klette** | | | | | ◄ | ◄ | ◄ | ○ | ○ | | | |
| **Knoblauchsrauke** | | | | | ◄ | ◄ | ≡ | ≡ | ≡ | ≡ | | |
| **Löwenzahn** | | | ◄ | ◄❀ | ◄❀ | ◄❀ | ◄❀ | ▷ | ▷ | ▷ | | |
| **Malve** | | | | ◄ | ◄ | ◄❀ | ◄❀ | ◄❀ | | | | |
| **Meerrettich** | | | | ◄ | ◄ | | | | ▷ | ▷ | | |

| | Jan. | Feb. | Mär. | Apr. | Mai | Jun. | Jul. | Aug. | Sep. | Okt. | Nov. | Dez. |
|---|---|---|---|---|---|---|---|---|---|---|---|---|
| **Pastinak** | | | | ▽ | ▽ | | | ▽ | ▽ | ▽ | | |
| **Pfefferminze** | | | | | ◄ | ◄ | ◄ | ◄ | | | | |
| **Quendel** | | | | ◄ | ◄ | ◄❀ | ◄❀ | ◄❀ | ❀ | | | |
| **Salbei** | | | | ◄ | ◄ | ◄ | ◄ | ◄ | | | | |
| **Sauerampfer** | | | | ◄ | ◄ | ◄ | ◄ | ◄ | | | | |
| **Schafgarbe** | | | | | | ◄❀ | ❀ | ❀ | ◄❀ | ◄❀ | ◄ | |
| **Schlehdorn** | | | ❀ | ❀ | | | | | | | ● | |
| **Taubnessel** | | | ◄ | ◄ | ◄ | ◄ | ◄ | ◄ | ◄● | ◄● | | |
| **Veilchen** | | | ❀ | ❀ | ❀ | | | | | | | |
| **Vogelmiere** | | | ◄ | ◄ | ◄ | ◄ | ◄ | ◄ | ◄ | ◄ | | |
| **Walderdbeere** | | | | | | ◄● | ◄● | ● | ● | ● | | |
| **Waldhimbeere** | | | ◄ | ◄ | ◄ | | ● | ● | | | | |
| **Waldkiefer** | | | | ◄❀ | ◄❀ | ❀ | | | | | | |
| **Wiesenbocksbart** | | | | ▽ | ◄❀▽ | ◄❀ | | | | | | |
| **Zitronenmelisse** | | | | | ◄ | ◄ | ◄ | ◄ | | | | |

**Legende**

◄ Blätter und Stängel
● Beeren und Früchte

▽ Wurzeln, Knollen, Zwiebeln
≡ Samenrispen und reife Samen

❀ Blüten und Knospen
○ Mark

# *Die Autorin*

Heide Hasskerl wurde 1960 in Mühlhausen/Thüringen geboren. Nach einer Metzgerlehre machte sie eine landwirtschaftliche Ausbildung, an die sich ein umweltpädagogisches Studium anschloss. Von 1985 bis 1995 arbeitete sie in umweltpädagogischen Projekten. Viele Jahre lebte sie auf ihrem ökologisch bewirtschaften, zehn Hektar großen Bauernhof in Nordhessen, bis dieser 2005 einem konventionell organisierten landwirtschaftlichen Kulturraum zum Opfer fiel – wie die zahlreichen herrlichen Wildpflanzen, die dort gediehen.

Mit dem massenhaften Verschwinden dieser Gewächse zog die Autorin aus, die Orte zu suchen, an denen die Natur noch natürlicher ist.

Heute sammelt Heide Hasskerl Wildgemüse und Heilpflanzen inmitten der sauberen, reich bestückten Natur Lettlands, Irlands und Frankreichs.

Sie organisiert Sammel-Gruppenreisen, hält Workshops und referiert zum richtigen Umgang mit den Wildpflanzen.

Heide Hasskerl ist als freiberufliche Schriftstellerin tätig. Neben Natur-, Garten- und Kochbüchern schreibt sie Erzählungen/Novellen und Kurzgeschichten für große und kleine Leser, für die sie bereits mehrfach literarische Preise und Stipendien erhielt.

Kontakt zu Heide Hasskerl über ihre Internetseite: www.heide-hasskerl.de

Von ihr sind im Stocker-Verlag (Graz) die Bücher
- **Alte Gemüsearten neu entdeckt** – Schätze aus dem Bauerngarten
- **Selbstversorgt!** – Gemüse, Kräuter und Beeren aus dem eigenen Garten

erschienen.

# Rezeptindex

# Rezepte von A bis Z

# Pflanzennamen

# Adressen rund ums Thema

**Meerrettich-Museum**
Judengasse 11
91083 Baiersdorf
www.schamel.de

**Pfefferminzmuseum Eichenau**
Parkstraße 43
82223 Eichenau
www.minzmuseum.de

**Gradierwerk Bad Salzungen**
36433 Bad Salzungen
www.badsalzungen.de

**Thüringer Wald-Kreativ-Museum**
Myliusstraße 6
98701 Großbreitenbach
www.stadt-grossbreitenbach.de

**Kräuterwanderweg**
Informations- und Wanderzentrum
Bad Blankenburg
Bahnhofstraße 40
07422 Bad Blankenburg
www.bad-blankenburg.de

**Kräuter- und Bauerngarten**
Ortsstraße 53
07426 Dröbischau
www.mittleres-schwarzatal.de

**Memorialmuseum Friedrich Fröbel**
mit Ausstellung »Olitätenhandel«
Markt 10
98744 Oberweißbach
www.oberweissbach.de

## Wir engagieren uns noch stärker für den Klimaschutz!

Seit mehr als 15 Jahren drucken wir unsere Bücher weitestgehend auf Recyclingpapier und versuchen damit, eine ressourcenschonende und umweltfreundliche Buchproduktion zu ermöglichen.

In den letzten Jahren ist der Klimawandel mit seinen weitreichenden Folgen für uns und vor allem unsere nachfolgenden Generationen immer mehr zum Thema geworden. Die Auswirkungen sind bereits jetzt spürbar – Wetterextreme, sich verschiebende Jahreszeiten, Erderwärmung. Auch wenn diese Entwicklungen nicht mehr völlig aufzuhalten sind, müssen wir – auch als Verlag – aktiv werden.

Die *freiburger graphische betriebe,* die Druckerei, in der unsere Bücher produziert werden, beteiligen sich an der Klimainitiative der Druck- und Medienverbände Deutschland und bieten die Möglichkeit, Buchproduktionen klimaneutral herstellen zu lassen. »Klimaneutral« bedeutet den Ausgleich von Treibhausgasen bzw. die Neutralisation durch die Einsparung einer bestimmten $CO_2$-Menge an anderer Stelle. Da die Wirkungen des Treibhauseffektes global schädigen, ist es irrelevant, an welchem Ort der Welt Emissionen entstehen und wo sie dann letztendlich eingespart werden. Der gesamte Prozess des Ausgleiches von Treibhausgasen basiert auf dem Kyoto-Protokoll von 1997.

Wir haben nun die Möglichkeit, für jedes Druckprodukt den genauen Wert des $CO_2$-Ausstoßes, der auf den Produktionsprozess in der Druckerei und deren Materialeinsatz zurückzuführen ist, zu ermitteln. Mit Hilfe eines vom Bundesverband der deutschen Druckindustrie entwickelten Rechners, mit dem viele Faktoren erfasst werden – Energieverbrauch, Farbe, Papier, Transportwege oder Einsatz von Personal – wird am Ende der Buchproduktion ein Wert ermittelt, der die relevante Wertschöpfungskette für die technische Herstellung des Buchs umfasst und den durch die Produktion verursachten $CO_2$-Ausstoß nachweist.

Für diesen Wert bezahlen wir als Verlag einen Ausgleich, der dann in anerkannte und zertifizierte Klimaschutzprojekte fließt. Die Zertifizierung erfolgt durch die Organisation *firstclimate* (www.firstclimate.com) und wird durch das Logo »Print $CO_2$-geprüft« angezeigt.

**Die aus dem Druck dieses Buchs resultierende Klimaabgabe fließt in ein Windparkprojekt in der Marmara-Region in der Türkei.**

Das Projektgebiet liegt in der Marmara-Region an einem Höhenrücken etwa 350 m über Meereshöhe, nahe der Dörfer Elbasan und Catalça unweit Istanbuls. Im Rahmen des Projekts werden 20 Windenergieanlagen mit einer Nennleistung von je 3 MW errichtet.

# Andere Bücher aus dem pala-verlag

Cornelia Blume:
**Die Streuobstwiese**
ISBN: 978-3-89566-273-7

Irmela Erckenbrecht:
**Rosmarin und Pimpinelle**
ISBN: 978-3-89566-256-0

Brigitte Kleinod:
**Das Hochbeet**
ISBN: 978-3-89566-261-4

Cornelia Blume /
Burkhard Steinmetz:
**Das Apfelbuch**
ISBN: 978-3-89566-219-5

# Lebensraum Garten

Irmela Erckenbrecht:
**Neue Ideen für die Kräuterspirale**
ISBN: 978-3-89566-240-9

Wolf Richard Günzel:
**Das Wildbienenhotel**
ISBN: 978-3-89566-244-7

Dettmer Grünefeld:
**Das Mulchbuch**
ISBN: 978-3-89566-218-8

Sofie Meys:
**Lebensraum Trockenmauer**
ISBN: 978-3-89566-249-2

# Vegetarisches aus aller Welt

Lena Brorsson Almiger:
**Schwedisch backen**
ISBN: 978-3-89566-269-0

Lena Brorsson Alminger:
**Vegetarische Jul**
ISBN: 978-3-89566-245-4

Kerstin Lautenbach-Hsu:
**Vegetarisch kochen - chinesisch**
ISBN: 978-3-89566-259-1

Heike Kügler-Anger:
**Cucina vegana**
ISBN: 978-3-89566-247-8

Gesamtverzeichnis: pala-verlag, Rheinstraße 35, 64283 Darmstadt
www.pala-verlag.de, E-Mail: info@pala-verlag.de

© 2008: pala-verlag gmbh,
Rheinstraße 35, 64283 Darmstadt
www.pala-verlag.de

4. aktualisierte Auflage 2010
ISBN: 978-3-89566-253-9

Illustrationen und Titelgestaltung: Margret Schneevoigt
Druck: fgb • freiburger graphische betriebe
www.fgb.de
Printed in Germany

Dieses Buch ist auf Papier aus 100 % Recyclingmaterial
gedruckt und klimaneutral produziert.